DEDICADO A

_____

POR

_____

_____

FECHA

_____

El desafío del amor para padres
Copyright © 2013 por Stephen y Alex Kendrick
Todos los derechos reservados.
Derechos internacionales registrados.

ISBN 978-1-4336-8036-6
B&H Publishing Group
Nashville, Tennessee 37234
www.BHEspanol.com

Publicado originalmente por B&H Publishing Group con el título
The Love Dare for Parents. Copyright © 2013 por Stephen y Alex
Kendrick

Traducción al español: Gabriela De Francesco de Colacilli
Diseño interior: A&W *Publishing Electronic Services*

Clasificación decimal Dewey: 242.64
Clasifíquese: Amor / Matrimonio / Lectura devocional

Impreso en EE.UU.

1 2 3 4 5 6 7 * 17 16 15 14 13

El Desafío del Amor

PARA PADRES

El Desafío del Amor

PARA PADRES

STEPHEN Y ALEX
KENDRICK
CON LAWRENCE KIMBROUGH

ESPAÑOL

NASHVILLE, TENNESSEE

ADVERTENCIA: ESTE VIAJE DE 40 DÍAS
NO PUEDE TOMARSE A LA LIGERA.

ES UN PROCESO DESAFIANTE Y A MENUDO
DIFÍCIL, PERO TAMBIÉN ES INCREÍBLEMENTE
SATISFACTORIO. ACEPTAR ESTE DESAFÍO
EXIGE UNA PLENA CONCIENCIA DE LO QUE
REPRESENTA Y UNA DETERMINACIÓN FIRME.

NO ESTÁ HECHO PARA PROBAR DURANTE UN
TIEMPO, Y LOS QUE ABANDONEN PRONTO
PERDERÁN LOS MAYORES BENEFICIOS. SI
ESTÁS DISPUESTO A COMPROMETERTE UN DÍA
A LA VEZ DURANTE 40 DÍAS, LOS RESULTADOS
PODRÍAN CAMBIAR TU VIDA Y LA DE TUS HIJOS.

CONSIDÉRALO COMO UN DESAFÍO DE PARTE
DE QUIENES LO ACEPTARON ANTES QUE TÚ.

PREPÁRATE PARA LA TRAVESÍA
Prefacio de los autores

Desde que se publicó El *desafío del amor* por primera vez en 2008, nos ha emocionado que personas de todo el mundo hayan realizado la travesía y aprendido a practicar los principios de amor cotidiano en sus matrimonios. Recibimos innumerables correos electrónicos, donde nos contaban cómo está reavivándose el romance, cómo se recuperan matrimonios moribundos y se abren los ojos a la naturaleza del amor verdadero y comprometido.

Durante este tiempo, el pedido número uno que recibimos fue que se desarrollara un viaje similar para que los padres puedan realizar con sus hijos. Así que, con suma gratitud, les presentamos El *desafío del amor para padres*.

Cada capítulo fue escrito en forma única para inspirar y fortalecer a los padres en la interacción diaria con sus hijos. Es el mismo formato característico de El *desafío del amor*, ¡pero un recorrido completamente distinto!

Aunque, entre los dos, tenemos diez hijos propios, no podemos expresar suficiente gratitud a nuestros padres, Larry y Rhonwyn Kendrick, quienes no solo nos criaron en un hogar lleno de amor, sino que también nos dieron consejos e ideas mientras escribíamos este libro. De muchas maneras, su apoyo en oración, su fidelidad y su ejemplo sólido a través de los años influyeron en casi todos los capítulos.

Algunos de los principios de crianza que aparecen en este libro pueden parecerte sencillos y naturales, mientras que otros tal vez presenten conceptos innovadores para tu familia. La clave no es lo que aprendas, sino lo que implementes en la relación con tus hijos en forma coherente. La verdad transforma cuando se la aplica correctamente. Cada vez que pienses: «Ya lo sé», deberías reflexionar también: «¿Pero acaso lo *hago*?». Esperamos que esta experiencia te impulse hacia una nueva y dinámica manera de pensar y vivir.

Todos los padres ven áreas que necesitan mejorar, pero en general, no tienen un plan de acción. Este libro está diseñado para ayudar a los padres ocupados a valorar y disfrutar más a todos sus hijos durante cada etapa de la vida. Nuestro objetivo es ayudarte a desarrollar el hábito de comunicarles amor genuino en forma constante.

Al mismo tiempo, esperamos ayudarte a que el corazón de tus hijos se acerque más a ti y hacer que la relación entre ustedes sea más respetuosa y amorosa a largo plazo. Esta experiencia también debería ayudarte a enseñarles y prepararlos mejor para trasmitir un legado sólido a las generaciones futuras.

Hemos intentado escribir de manera significativa, sin importar si tus hijos están en preescolar o en la universidad, pero entendemos que algunos días y desafíos quizás necesiten adaptarse a la edad y al contexto de tus hijos.

No importa cómo responda tu hijo, ¡te alentamos a seguir adelante y disfrutar del recorrido! Antes de comenzar, nos gustaría responder cinco preguntas para ti:

1. *¿Qué sucede si soy padre soltero o si mi cónyuge no desea participar?*

No hay ningún problema. Puedes adaptar fácilmente cada desafío a tu situación. Será una excelente oportunidad para fortalecer la relación con cada uno de tus hijos, así como tus habilidades personales como padre.

2. *¿Y si me quedo atrás y no puedo seguir el paso?*

No te sientas culpable si no puedes seguir todos los desafíos a la perfección. Debes manejarlo a tu ritmo. Si en algún momento tienes problemas, recuerda que ir despacio y completar la travesía es mucho más importante que terminar en 40 días. Simplemente, esfuérzate al máximo y haz los ajustes necesarios.

3. ¿Qué sucede si estoy separado de mis hijos en este momento?

Sé creativo en lugar de arrojar la toalla. Concéntrate en hacer lo que está a tu alcance. Puedes leer el libro, guardar los desafíos y completar los que sean apropiados cuando surjan las oportunidades durante los momentos limitados de interacción con tus hijos. O también puedes transformar los desafíos en oraciones por ellos. Incluso es posible completar algunos desafíos por correo o Internet. Sencillamente, adáptalos a tu situación.

4. ¿Y si mis hijos no responden bien a esta experiencia?

Lo más importante de esta travesía es que aprendas a amar, no tanto la respuesta de tus hijos. Sigue adelante. La mayoría responderá en forma positiva de inmediato, pero a otros les llevará más tiempo. Si hay años de dolor y daño emocional entre ustedes, hará falta más cuidado y sanidad. Sé paciente, piensa a largo plazo y jamás desestimes el poder del amor incondicional.

5. ¿Es mejor completar los desafíos con un hijo a la vez o con todos al mismo tiempo?

Se puede realizar de las dos maneras. Puedes completar los 40 días con cada hijo, haciendo que sea una experiencia especial para cada uno, pero reconociendo que te llevará más tiempo. Si tomas este camino, considera ayudar a tus otros hijos a entender lo que estás haciendo, para que no sientan que prefieres a uno. Otra opción es realizar la travesía con todos tus hijos a la vez, pero detenerte en los días que requieran atención individual y completar todos los desafíos con cada hijo en forma separada antes de pasar al próximo. Haz lo que mejor resulte para tu situación.

Nuestro deseo para cada libro de esta serie es que la aventura añada una dosis fresca de encanto a tus relaciones interpersonales. Entonces, a medida que aprendas cosas nuevas, comparte tu historia con otros para inspirarlos y alentarlos en su recorrido. ¿No te gustaría que tus padres hubieran hecho esto por ti? ¡Atrévete a amar!

Que Dios te bendiga.

Stephen y Alex Kendrick
Autores de El *desafío del amor para padres*

COMO EL PADRE ME HA AMADO,
ASÍ TAMBIÉN YO OS HE AMADO;
PERMANECED EN MI AMOR.

JUAN 15:9

¿En qué condición estás hoy como padre?
Evaluación gratuita

Ser padre abarca tanto de tu tiempo y tu persona que casi nunca hay ocasión para dar un paso atrás, evaluar cómo te está yendo y asegurar que estés amando a tus hijos como deseas.

Para ayudarte a obtener una rápida visión general del estado actual de tu manera de criar y trazar tu progreso a lo largo de esta travesía de El *desafío del amor para padres*, desarrollamos una evaluación GRATUITA, personalizada, sencilla, accesible y privada.

Sencillamente, ingresa a **www.desafiodelamortest.com**.

En pocos minutos, puedes descubrir tus principales áreas de crecimiento e identificar cómo usar El *desafío del amor para padres* en forma más estratégica para tu beneficio. Tus resultados aparecen con sugerencias útiles respecto a distintas categorías clave para el éxito en la crianza. Además, se te volverá a referir a «días» específicos de El *desafío del amor para padres*, que hablarán en forma más directa a tus necesidades. Y puedes volver a realizar la prueba una y otra vez sin costo, para seguir el progreso de tu crecimiento.

Creada en asociación con *LifeWay Research*, uno de los principales desarrolladores actuales de herramientas de sondeo de tendencias culturales y temas vinculados con la fe y las relaciones interpersonales, esta evaluación única de crianza seguramente te bendecirá y te informará. No importa si la realizas solo, con tu cónyuge o incluso en forma anónima; creemos que te resultará sumamente útil para alcanzar tu mejor versión como padre.

También puedes disfrutar de la evaluación matrimonial de El *desafío del amor*, gratuita y disponible en el mismo sitio. Todos tenemos mucho que aprender… pero hay un futuro resplandeciente y esperanzador, lleno de oportunidades de amarnos mejor los unos a los otros y a nuestros hijos.

Ahora sí, comencemos
Introducción

Las Escrituras afirman que los hijos son regalos de Dios. Son frutos hermosos de tu vida y flechas preciadas en tu aljaba (Sal. 127:3-5). Dios los hace a Su imagen, los crea con un propósito, los ama sin medida y los pone a tu cuidado. Son tu legado y tu herencia.

Lo más probable es que tus padres ya no vayan a cambiar, pero tus hijos todavía son maleables. Así que, aunque para el mundo quizás seas otro ciudadano común y corriente, para tu hijo puedes ser el héroe de su historia, el conquistador de su crisis y el que moldee sus sueños. Están diseñados para formar su identidad, su valor y sus convicciones al mirarte.

Si de alguna manera pudiéramos comprender lo rápido que crecerán nuestros hijos y el valor de cada momento con ellos, quedaríamos abrumados. Pasan aproximadamente 6575 días entre el nacimiento de un niño y su cumpleaños número 18. Y aunque la crianza no termina allí, las mamás y los papás suelen malgastar este océano invalorable de oportunidades mientras van en pos de placeres momentáneos y centavos en la arena.

Este libro te desafía a amar e influenciar a tus hijos mientras puedas. Tu futuro puede transformarse en un tapiz de experiencias que les presenten un amor abnegado e incondicional. La crianza es maravillosa, difícil y transformadora, y nadie debería tener mayor impacto que tú sobre tus hijos. Entonces, que Dios te bendiga al comenzar esta aventura.

Pero que no te quepa duda: hará falta valentía y resistencia. Si aceptas este desafío, debes adoptar la visión de que en lugar de *seguir* tu corazón, escoges *guiarlo*. La Biblia declara que «más engañoso que todo, es el corazón» (Jer. 17:9), y siempre busca lo que le parece bueno en el momento.

En lugar de dejar que te gobiernen las emociones, este es un viaje para explorar y demostrar el amor genuino, aunque tu deseo se haya consumido y tus motivaciones sean escasas. La verdad es que el amor es una decisión y no solo un sentimiento. Es abnegado, sacrificado y transformador. Y cuando el amor se demuestra tal como fue creado, trae más disfrute, una influencia más duradera y un legado con menos remordimientos.

Al igual que El desafío del amor original, cada día de esta travesía tiene tres elementos sumamente importantes:

En primer lugar, se hablará de un aspecto único del amor y la crianza. Lee cada día con atención y mantente abierto a una nueva comprensión de lo que significa expresar amor a tus hijos en forma genuina.

En segundo lugar, se te pedirá que cumplas un desafío específico con cada hijo. Algunos serán fáciles y otros presentarán un reto mayor. Pero toma cada desafío con seriedad, y sé lo suficientemente creativo y valiente como para intentarlo. No te desalientes si las circunstancias externas evitan que cumplas un desafío en particular. Simplemente, vuelve a comenzar apenas puedas y sigue adelante.

Por último, te daremos un espacio a modo de diario para registrar lo que aprendes, lo que vas haciendo y la respuesta de tu hijo. Si aprovechas este espacio para anotar lo que sucede con los dos, estos registros serán valiosísimos para ti y tus hijos en el futuro.

No te des por vencido ni te desanimes. Decide llegar hasta el final con valentía. Aprender a amar de verdad es una de las tareas más importantes que harás en tu vida.

Y ahora permanecen la fe, la esperanza y el amor, estos tres; pero el mayor de ellos es el amor. (1 Corintios 13:13)

Si yo hablara lenguas humanas y angélicas, pero no tengo amor, he llegado a ser como metal que resuena o címbalo que retiñe.

Y si tuviera el don de profecía, y entendiera todos los misterios y todo conocimiento, y si tuviera toda la fe como para trasladar montañas, pero no tengo amor, nada soy.

Y si diera todos mis bienes para dar de comer a los pobres, y si entregara mi cuerpo para ser quemado, pero no tengo amor, de nada me aprovecha.

1 Corintios 13:1-3

Día 1
El amor florece

… arraigados y cimentados en amor…
(*Efesios* 3:17)

El amor es el motivador más puro y poderoso de la vida. Siempre hace lo mejor para los demás y nos invita a alcanzar nuevas alturas en las relaciones interpersonales. El amor sazona la vida y renueva el gozo de dar. Aporta significado a cualquier vínculo. Ninguna familia es verdaderamente feliz sin él.

Por eso, el amor crea el terreno más fértil donde criar hijos. Así como a las flores se les proporciona el ambiente ideal para el crecimiento en un invernadero, el hogar lleno de amor también aporta el mejor contexto para que los hijos florezcan. Tus hijos no solo deberían ser el *fruto* de tu amor, sino también estar profundamente arraigados en el *sustento* de tal amor… todos los días.

Todo niño nace con una sed de amor que dura toda la vida. Su corazón lo necesita con desesperación, como sus pulmoncitos precisan oxígeno. El amor lo llena y le da energía. Le proporciona estabilidad y seguridad. Los hijos que crecen en familias amorosas suelen caminar con la frente en alto durante el día y dormir profundamente de noche. Las hijas arraigadas en amor deslumbran con el éxito y tienen menos temor si fallan. La celebración amplifica las victorias. El consuelo tierno minimiza los temores.

Sin duda, el amor que les expresas a tus hijos es mucho más valioso que cualquier posesión que puedas darles. Puedes enviarlos a escuelas prestigiosas, vestirlos con la mejor ropa, guiarlos con las reglas más sabias y confrontarlos audazmente con sus peores temores. Pero si no descansan en tu amor incondicional, estás descuidando una necesidad mucho más vital para que triunfen verdaderamente en la vida.

Los hijos ya traen preguntas fundamentales escondidas en el corazón: *¿Soy importante? ¿Alguien se interesará de verdad en mí? ¿Tengo lo necesario?* Dios les ha asignado a los papás y las mamás la tarea de ser los primeros en responder estas preguntas con claridad y constancia a través de los años.

Si los hijos no están seguros de que las palabras «te amo» se apliquen a sus corazones, se verán tentados a buscar validación en su desempeño o en la opinión de otras personas. Habrá muchas inseguridades. El fracaso será más devastador, porque su sentido de valor propio y su identidad penden de un hilo.

Pero, ¿qué sucede cuando un hijo percibe el profundo amor de sus padres a lo largo de los años? Sus necesidades se ven cubiertas en forma constante. Sus sueños son fielmente estimulados. El hijo disfruta de la comprensión de sus padres. La hija experimenta su afecto. Estos hijos reciben instrucción y protección. Obtienen disciplina y aceptación. Tienen la seguridad de tu paciencia y tu perdón, y la libertad de abrir el corazón con franqueza, sin temor a una reacción desmedida. La estabilidad de tu amor incluso les permitirá capear épocas intensas de desilusión.

Es más, cuando se desarrolla esta clase de relación amorosa entre tú y tu hijo, se transforma en el mejor entorno para transmitir tus creencias, tus valores, tu fe y tu legado a él y las generaciones futuras.

El amor crea una zona segura para abordar las lecciones y las duras realidades de la vida. La represión y la disciplina se digieren mejor si están condimentadas con amor genuino. Será más probable que tus hijos disciernan y rechacen las mentiras de los demás si primero reciben tu consejo sabio en el entorno de tu afecto tierno.

Las Escrituras ilustran esta realidad de la siguiente manera: «Para que ya no seamos niños, sacudidos por las olas y llevados de aquí para allá por todo viento de doctrina, por la astucia de los hombres, por las artimañas engañosas del error; sino que hablando la verdad en amor, crezcamos en todos los aspectos...» (Ef. 4:14-15).

Aunque estos versículos hablan de crecimiento espiritual dentro de la iglesia, el poder de hablar «la verdad en amor» también es fundamental para la crianza eficaz... en realidad, para *toda* relación. La verdad guía lo que dices mientras el amor dicta cómo, por qué y cuándo lo dices. Cuando el amor es el terreno fértil, la verdad se transforma en una semilla más fructífera.

Al trabajar juntos, la verdad y el amor forman una profunda confianza entre tú y tu hijo. Por el contrario, cuando los padres intentan forzar la verdad en una relación envenenada por el enojo, la amargura, la inseguridad o el aislamiento emocional, esas verdades se vuelven retorcidas o son rechazadas con el tiempo. El dolor y la incomprensión se transforman en malezas silenciosas que pueden ahogar lo que intentas comunicar. Aun si te expresas con claridad, tus palabras sabias pueden caer en terreno tóxico. Por eso, las heridas del pasado siempre deben salir a la luz y ser tratadas con compasión para volver a ganarse el corazón y el oído de un hijo.

Examínate con las siguientes preguntas:

- ¿Qué tan amoroso y fértil es el terreno en nuestro hogar?
- ¿Cuánto amor perciben mis hijos de mi parte cada día?
- ¿Las verdades que imparto se arraigan o se ignoran?
- ¿Qué toxinas o malezas deben ser eliminadas?

Quizás creciste en un hogar amoroso, y la idea de prodigarles amor con libertad a tus hijos surge en forma espontánea y natural. O tal vez siempre hayas sentido un profundo vacío de amor en casa, y ahora anhelas proveer algo que te faltó y para lo cual no tuviste ejemplo. No importa cuál sea el caso, te desafiamos a que te comprometas y establezcas un ambiente sólido de amor donde tus hijos puedan florecer. Proponte comenzar hoy mismo.

LAS PALABRAS SON UNA MANERA PODEROSA
DE COMUNICAR AMOR. EL PRIMER DESAFÍO
ES SIMPLEMENTE ENCONTRAR UN MOMENTO
CUANDO PUEDAS EXPRESARLES AMOR A TUS
HIJOS EN FORMA VERBAL. YA SEA QUE ESTÉN
EN TU CASA O QUE PUEDAS LLAMARLOS POR
TELÉFONO, SI ES POSIBLE, ASEGÚRATE DE QUE
HOY MISMO TE ESCUCHEN PRONUNCIAR LAS
PALABRAS «TE AMO».

__ Haz una marca aquí cuando hayas completado el desafío
de hoy.

¿Cuál fue el resultado de tu interacción? ¿Tus hijos respondieron? ¿Te resultó sencillo o difícil? ¿Por qué es tan importante
pronunciar estas palabras tan simples, aunque suelen decirse al
pasar y por costumbre?

_____

_____

_____

_____

_____

_____

_____

_Este es mi mandamiento: que os améis los unos a los otros,
así como yo os he amado._ (Juan 15:12)

DÍA 2
El amor es paciente

Y vosotros, padres, no provoquéis a ira a vuestros hijos, sino criadlos en la disciplina e instrucción del Señor. (Efesios 6:4)

Cuando amas de verdad a alguien, dos atributos clave se verán en forma habitual: paciencia y bondad. Es más, muchas otras características del amor se apoyan en estos dos atributos. La *paciencia* es la manera en que el amor diluye algo negativo; la *bondad* es su forma de iniciar algo positivo. Una respira hondo, la otra exhala vida. Como ya sabes, para criar hijos hace falta un suministro ilimitado de ambas cosas. Pero hoy, nos concentraremos en la primera de estas dos cualidades esenciales... *la paciencia.*

La paciencia se ve cuando el amor decide sacrificarse constantemente por el bien de otra persona. Es como el agricultor experimentado que sabe que los campos producen fruto si él está dispuesto a soportar el calor del sol. La paciencia se parece a un constructor sabio que pasa horas trabajando arduamente con los planos, negociando contratos y supervisando los suministros, para que su visión pueda volverse realidad. Tanto el agricultor como el constructor deben persistir aunque deseen resistirse. A diario, deben invertir tiempo y esfuerzo hasta poder celebrar la amplia cosecha o la inauguración.

Asimismo, para ser un padre amoroso, hace falta una gran cantidad de este maravilloso atributo. Estás cultivando y edificando a tus hijos, y todo tu esfuerzo y sacrificio darán sus frutos. El presente requiere tu paciencia resistente. Es algo que todos necesitamos, pero casi nunca demostramos. Sin embargo, el amor nos invita a ejercerlo con frecuencia como padres. Y cuando lo hacemos, produce madurez tanto en nosotros como en nuestros hijos, así como la paz y la gracia necesarias en medio de nuestros problemas.

Los hijos tienen la increíble capacidad de probar el nivel de paciencia de sus padres con el tono, la desobediencia, la irresponsabilidad o la falta de respeto. A veces, los padres se enojan tanto que dicen o hacen algo en el calor del momento que daña los corazones y las mentes jóvenes. El impacto puede dejar una profunda cicatriz por muchos años.

Por eso, la paciencia de Dios nos resulta tan ejemplar. Cuando Moisés estaba en la cima de la montaña, descubrió por qué Dios seguía soportando a sus hijos rebeldes y quejosos: el Señor era «compasivo y clemente, lento para la ira y abundante en misericordia y verdad» (Éxodo 34:6). Dejaba que Su amor abundante controlara Su enojo. Cuando sí decidía enojarse y ser firme, solamente lo hacía luego de demostraciones repetidas y extendidas de Su compasión y Su paciencia.

Hoy Dios sigue demostrándoles misericordia y paciencia a Sus hijos. Así que, cuando somos difíciles de amar y egoístas, distraídos y desobedientes, necesitamos recordar Su amor resistente y dejar que Su ejemplo de amor se derrame sobre nosotros y nuestros hijos.

No debemos perder los estribos frente a nuestros hijos. Ver que controlamos nuestro enojo les enseña a controlar el propio. La Escritura declara: «Airaos, pero no pequéis» (Efesios 4:26). A veces, el enojo está justificado, pero nunca debemos dejar que se desborde. La disciplina y la corrección deben dispensarse con sabiduría, y siempre después de demostrar paciencia con amor.

¿Tus hijos te perciben como un padre enojado y frustrado? ¿O te describirían como compasivo y paciente? El amor decide contenerse. El amor controla tus emociones en lugar de permitir que te dominen. Te desafía a desarrollar paciencia en lugar de estallar por cualquier cosa. Si reaccionas en forma apresurada, el amor te recuerda que debes humillarte y pedir perdón con rapidez, reconociendo todo lo que está en juego.

La ira, por otro lado, es cruel (Pr. 27:4). Divide y aísla. Nos debilita y hiere a los demás. Nos hace comportarnos de maneras insensatas y deplorables. Casi nunca mejora las cosas y suele generar problemas adicionales.

Si luchas con el enojo, pregúntate por qué. ¿Tienes expectativas realistas y equilibradas? ¿En general estás enojado con otra persona, pero te desahogas con tus hijos? Quizás albergues recuerdos dolorosos del enojo áspero de uno de tus padres hacia ti, y esto te lleva a perpetuar este dolor del pasado con tus hijos.

A veces, el enojo está arraigado en nuestro propio pecado o hipocresía. Lo que más nos enoja de nuestros hijos son las mismas áreas de debilidad con las que luchamos. No obstante, reaccionar en forma exagerada frente a acciones y actitudes erróneas con las cuales nos sentimos identificados no nos «arregla» de ninguna manera, y solo sirve para frustrar a nuestros hijos. En ese caso, una confesión humilde puede resultar en una instrucción más eficaz que el enojo firme de tu corrección. Cuando saben que los amas y puedes admitir tu propia humanidad, tu consejo y formación tienen mucho más significado.

La paciencia siempre es bien recibida. Les da a las personas más tiempo para resolver sus problemas. Con gracia, disipa el conflicto antes de que el problema se intensifique. Susurra paz a situaciones que están al borde de explotar. No es una forma general de tolerancia que pasa por alto cualquier cosa, sino más bien un inspector sabio de la situación, que permite que se den los pasos necesarios.

En la crianza, hace falta actuar contra la indiferencia y la rebeldía, pero distinguir entre la verdadera rebelión y lo que puede ser ignorancia infantil. Nuestros hijos no piensan como nosotros; entonces, ¿por qué esperamos que actúen como nosotros? Debemos tener en cuenta sus circunstancias, su edad y su nivel de madurez.

Así que, en lugar de enardecerte y derribar, deja que el amor te *calme*. Entonces, podrás edificarlos. Cuanto más paciente seas hoy, más victorias podrás celebrar mañana.

EL DESAFÍO DE HOY

Escribe las palabras «el amor es paciente» en una tarjeta y pégala por un tiempo en tu espejo o sobre el refrigerador. Cuando la veas durante las próximas semanas, proponte demostrar paciencia todo el día, como una mayor muestra de tu amor por tus hijos.

___ Haz una marca aquí cuando hayas completado el desafío de hoy.

¿Recordaste alguna situación en la que podrías haber demostrado más paciencia? ¿Sucedió algo hoy que te dio la oportunidad de ejercer paciencia?

_____

_____

_____

_____

_____

_____

_____

_____

_____

_____

_____

_____

_____

_____

_____

_____

_____

_____

_____

_____

_____

_____

_____

_____

_____

_____

_____

_____

_____

_____

_____

... el labrador espera el fruto precioso de la tierra, siendo paciente... (Santiago 5:7)

Día 3
El amor valora

He aquí, don del Señor son los hijos... (Salmo 127:3)

El mundo suele comunicar que los hijos son una carga y una molestia. Cuestan mucho dinero y ocupan tiempo valioso. Te estorban. Desobedecen. Lloriquean.

Como consecuencia, muchos evitan tenerlos. Y en cambio, van en pos del dinero, el éxito, el placer y las posesiones. Y si se atreven a soportarlos, se les advierte limitarse a uno o tal vez dos... como mucho.

Pero cuando por fin llega un niño y se une a la familia, algo cambia. Te roba el corazón y te cambia la vida. Trae maravillas y aventuras diarias. Ahora no imaginas *vivir* sin aquello que antes te conformabas con evitar. Morirías por tus hijos. Perderlos se transforma en tu peor temor.

Y entonces, por más irónico que parezca, el mundo que desalentaba tener hijos ahora, se dedica a captar la atención de ellos. Constantemente, les propone mirar sus programas, usar su jerga y comprar sus productos. Los recluta para asistir a sus eventos y trabajar en sus empleos. Les ruega que se dediquen a sus causas, voten por sus candidatos y peleen por sus intereses.

Por eso, necesitamos escuchar el consejo coherente del amor genuino en lugar de las opiniones cambiantes de una cultura egoísta. El amor nos recuerda que los hijos son y siempre han sido invalorables, deseables y un tesoro único. Son nuestro legado vivo y andante, y cada uno tiene un potencial inexplotado y sin límite. El amor nos ayuda a verlos como Dios los ve: una de las mayores bendiciones en la vida. Un deber sagrado. Una responsabilidad privilegiada. Un deleite precioso.

A través de las páginas de la Escritura, vemos un hilo en común: el gran amor de Dios por Sus hijos. El primer mandamiento en la Palabra de Dios es «sed fecundos y multiplicaos»

(Gén. 1:28). La primera vez que se menciona el amor en la Biblia, Dios habla al respecto en referencia al profundo amor que Abraham tenía por su hijo Isaac (Gén. 22:2). Las bendiciones del pacto divino sobre los patriarcas incluían principalmente la promesa de hijos y la bendición que recibirían las naciones futuras a través de ellos (Gén. 26:1-4). El Señor les pidió a las familias que dedicaran a sus primogénitos como regalo para Él (Ex. 13:2). El último versículo del Antiguo Testamento explica el deseo de Dios de hacer volver el corazón de los padres a sus hijos (Mal. 4:6).

Y quizás, este sea el pasaje más descriptivo de todos: «He aquí, don del SEÑOR son los hijos; y recompensa es el fruto del vientre. Como flechas en la mano del guerrero, así son los hijos tenidos en la juventud» (Sal. 127:3-4).

La palabra «don» significa una herencia dada por Dios, otorgada como parte de la porción que le toca a cada uno en la vida (Isa. 54:17). Los hijos son como el precioso fruto de un huerto, una recompensa valiosa para saborear y disfrutar, que hace que valga la pena todo el trabajo que invierte el agricultor. Son como flechas preciadas y salvadoras en manos de un guerrero, formadas de manera única para ser lanzadas y causar un impacto profundo en el mundo. Considera cómo, contrario a la creencia popular, cada una de estas analogías —la herencia, el fruto y las flechas— se refieren a cosas que la gente suele anhelar, en lugar de querer evitarlas o minimizarlas.

Jesús reprendió a Sus seguidores por tratar a los niños como si fueran una intromisión o algo irritante. En cambio, invitó a los pequeños a acercarse, diciendo que traen gran bendición a nuestras vidas, «porque de los que son como éstos es el reino de Dios» (Mar. 10:14). Colocó a un niño frente a los discípulos y afirmó: «Así pues, cualquiera que se humille como este niño, ése es el mayor en el reino de los cielos. Y el que reciba a un niño como éste en mi nombre, a mí me recibe» (Mat. 18:4-5).

Además, los hijos también nos son dados para ayudarnos a madurar personalmente como padres. Nos enseñan a dejar de ser tan egoístas y a sacrificarnos por otro. Nos sacan de nuestra comodidad y expanden nuestras capacidades. Repiten nuestras palabras y ponen a prueba nuestra integridad. Dejan de manifiesto nuestro orgullo y profundizan nuestra humildad. Nos ayudan a aprender a estar más dispuestos a amar. Entran al mundo como si dijeran: «Aquí estoy, soy un espejo para reflejarte, una arcilla lista para que moldees. Llevaré tu apellido y reflejaré tu semejanza. Soy más valioso que cualquier cosa que poseas, y podría transformarme en tu mayor inversión en el mundo».

Pero más allá de esto, los hijos enriquecen el sabor de cada etapa de nuestras vidas. Tu dinero jamás responderá a tu amor, no te dará un beso de buenas noches ni vendrá corriendo a celebrar contigo la mañana de Navidad. Tus posesiones jamás caminarán contigo hacia el altar, no te darán nietos, no llorarán en tu funeral ni llevarán tu legado a las generaciones futuras.

Así que, no importa cuántos años tengan tus hijos, atrévete a volver a poner los ojos y el corazón en ellos. A valorarlos. A seguir el ejemplo de Jesús, recibirlos en tus brazos, y bendecir con amor su persona y sus vidas futuras (Mar. 10:16). Que reciban el profundo amor de Dios.

Y tu profundo amor.

¿Dan mucho trabajo? Sí. ¿Nos cuestan mucho dinero? Sí. ¿Pueden rebelarse y ser fuente de gran estrés? Sí. ¿Pero no son acaso irremplazables y completamente inestimables? ¿No merecen que les dediques tu vida, tu amor, tu tiempo y tu atención? Absolutamente, un millón de veces.

Vienen envueltos en manos divinas y se otorgan en amor. Son la recompensa viva de Dios y el fruto de tu vida.

EL DESAFÍO DE HOY

HOY MISMO, COMUNÍCALES A TUS HIJOS QUE SON UN TESORO PARA TI. EN TUS PROPIAS PALABRAS, EXPRÉSALES: «ERES UN REGALO INVALORABLE PARA MÍ, Y DOY GRACIAS PORQUE ESTÁS EN MI VIDA». LUEGO, AGRADÉCELE A DIOS POR ELLOS Y POR LA OPORTUNIDAD QUE TE HA DADO DE AMARLOS Y VALORARLOS CADA DÍA.

__ Haz una marca aquí cuando hayas completado el desafío de hoy.

¿Sueles ver a tus hijos como una carga en la vida o como una bendición de Dios? ¿Qué necesitas cambiar en tu forma de verlos? ¿Qué les dijiste hoy?

_____

_____

_____

_____

_____

_____

_____

_____

... Aquí me tienen, con los hijos que Dios me ha dado. (Hebreos 2:13, NVI)

Día 4
El amor es amable

*Sed más bien amables unos con otros, misericordiosos, perdonándoos
unos a otros, así como también Dios os perdonó en Cristo.*
(Efesios 4:32)

Una de las mayores expresiones de amor genuino es ser
amable con los hijos. La amabilidad es el aroma agradable que
deberían percibir cuando tu amor entra en una habitación. Nos
inspira a cuidarlos. Sazona nuestro trato con ellos. Mientras que
la paciencia es el amor que minimiza lo negativo, la amabilidad
es el amor que inicia lo positivo. La paciencia nos ayuda a evitar
los problemas; la amabilidad nos asiste para ser de bendición.

El amor te hace amable; la amabilidad te vuelve agradable.
Si eres amable con tus hijos, ellos disfrutarán estar contigo.
Es más, es una cualidad que te favorece en todas las relaciones
interpersonales, y que abre puertas que los diplomas y los premios jamás podrían abrir.

La Biblia afirma: «La misericordia y la verdad nunca se
aparten de ti; átalas a tu cuello, escríbelas en la tabla de tu corazón. Así hallarás favor y buena estimación ante los ojos de Dios
y de los hombres» (Prov. 3:3-4).

La amabilidad es amor en acción. Rechaza la pasividad
y piensa qué hacer. Extiende la mano. Se toma tiempo para
escuchar y da los pasos necesarios para ayudar. Nunca busca el
camino más fácil o el método más sencillo al participar en la
vida de los demás.

En concreto, la amabilidad lleva al *servicio*: a ver una necesidad y actuar para satisfacerla, a honrar a los demás ponien-
do sus intereses antes de los propios, incluso en cuestiones
menores. En casa y con tus hijos, puedes ser un ejemplo de
amabilidad al servirlos sin quejarte, y al señalar con prontitud y
celebrar cuando ves que ellos mismos la demuestran.

La Escritura describe la amabilidad de Dios en relación a la gracia que les demuestra a Sus hijos, al darles exactamente lo que necesitan (Ef. 2:6-9). Y Él nos manda seguir Su ejemplo y ser amables con los demás en forma coherente (Ef. 4:32). Esto debería empezar en casa.

La amabilidad también trae *disposición*. Nos inspira a cooperar y a ser más prontos para responder «sí» en lugar de «no» frente a un pedido. Nos ayuda a ser más receptivos y a buscar la unidad en lugar de encontrar otra razón para plantarnos en nuestra propia opinión. Nos enseña a soltar y a dar, en lugar de resistir y retener.

La amabilidad sazona todas nuestras interacciones con *bondad*. Nos hace más sensibles y compasivos. Estampa un cartel de «Manejar con cuidado» sobre el corazón de las personas que conocemos y evita que seamos innecesariamente duros o insensibles con nuestro tono de voz o la elección de palabras. Considera lo siguiente: Casi todo lo que dices o haces podría mejorar muchísimo si le añades un poco más de amabilidad.

¿Por qué es importante? Porque si, como padres, no tenemos cuidado, también podemos volvernos sumamente desconsiderados con los pequeños a quienes amamos. Es fácil pensar que, porque somos los padres, y porque somos tanto más maduros y hemos sacrificado tanto por nuestros hijos, podemos actuar como queremos cerca de ellos. ¿Acaso no les cambiamos los pañales? ¿No gastamos muchísimo dinero en ellos y soportamos años de moqueo y malas conductas? Sí. Pero el amor nos recuerda que nuestros sacrificios jamás nos dan licencia para ser desconsiderados o ásperos.

Los padres deben demostrar más amabilidad que los demás hombres que rodean a tus hijos. Esto es lo que ellos anhelan experimentar (Prov. 19:22). Las madres deberían dejar que de sus labios fluyan palabras amables (Prov. 31:26).

Sé sincero: ¿tus hijos te perciben como alguien que demuestra amabilidad en forma consecuente? ¿Eres un ejemplo de amabilidad en tu manera de hablar de los demás cuando no están? ¿Das, compartes y ayudas a los necesitados? ¿Tomas la iniciativa para brindar tu apoyo?

Tus hijos son más sensibles a tu influencia que a casi la de cualquier otra persona en esta Tierra. Si los resistes o los ignoras, tendrán una lucha interior, y lo más probable es que no reaccionen bien. Pero si creas un entorno de amor y bondad con ternura, les costará menos abrir el corazón contigo, escuchar lo que les digas y las lecciones que les impartas.

El amor te lleva a buscar oportunidades de demostrar amabilidad a tus hijos. Esto no significa *hacer* todo por ellos, sino de encontrar el delicado equilibrio entre amarlos bien y enseñarles a amar a los demás. La posibilidad de transformarse en un padre o líder eficaz en la edad adulta depende, en parte, de poder desarrollar un corazón de siervo durante la juventud... el corazón que deberían ver en ti.

Así que, enséñales a practicar la amabilidad contigo y con sus hermanos. Dales oportunidades de servir durante las comidas y de ocuparse de las necesidades de los otros en el hogar. Cuando estén listos, llévalos a lugares donde su servicio genere un deseo y un corazón para el ministerio. Con el solo motivo de ser amables, visiten un hogar de ancianos o a un vecino necesitado a quien le encantaría recibir una comida casera. Ayúdalos a cortarle el césped a una viuda o a regalar juguetes a un orfanato. Estas experiencias les recuerdan a tus hijos cuán preciosos e importantes son los demás a ojos de Dios, sabiendo que nuestra amabilidad honra al Señor y refleja Su carácter.

Al demostrar amabilidad y alentar esta cualidad en tus hijos, estás invirtiendo en la clase de corazón que Dios nos llama a cultivar. Es la regla de oro: tratar a los demás como quieres que te traten, dar generosamente aquello que anhelamos recibir de las personas con quienes vivimos a diario. Es la bendición de la amabilidad. Y la belleza de cómo se pone en acción el amor verdadero.

EL DESAFÍO DE HOY

Sorprende hoy a tus hijos con algún acto inesperado de amabilidad. Cuando se den cuenta de tu gesto, pídeles que hagan algo amable e inesperado por otra persona.

__ Haz una marca aquí cuando hayas completado el desafío de hoy.

¿Qué decidiste hacer por ellos como acto amable? ¿Cómo reaccionaron? ¿Qué hicieron por otra persona?

_____

_____

_____

_____

_____

_____

_____

_____

_____

Sembrad para vosotros según la justicia, segad conforme a la misericordia...
(Oseas 10:12)

Día 5
El amor es maravilloso

Tal conocimiento es demasiado maravilloso para mí; es muy elevado,
no lo puedo alcanzar. (Salmo 139:6)

Cada hijo es una obra maestra única. No hay duplicados. Cada uno tiene huellas digitales, ritmos cardíacos, formas y colores de ojos y una constitución sanguínea particular. Incluso los gemelos pueden ser idénticos físicamente, pero completamente distintos en su composición mental y sus talentos. Nuestros hijos no solo *crecen* de maneras distintas, sino que también se *manifiestan* de diferentes formas.

Aunque las circunstancias y la formación pueden afectar en gran manera sus vidas, la originalidad arraigada en cada uno refleja una preconcepción brillante. Cada marca de nacimiento es una marca registrada. Cada rasgo especial es la firma de un diseño divino.

Las Escrituras afirman que Dios no solo es el que abre la matriz de una madre para concebir (Gén. 30:22), sino que personalmente forma y entrelaza los sistemas del cuerpo humano para formar el tejido de la vida (Sal. 139:13-14). Traza los planos para cada varoncito y tiene los derechos de autor de cada niñita.

No obstante, su labor va mucho más allá del género, el talle de zapato y el color de los ojos. Su talento también imprime cada detalle de la personalidad: sus características y peculiaridades originales, y cada brinco en su futura manera de andar; su entusiasmo para saltar o su tendencia cuidadosa a esperar. Él escoge con sumo cuidado sus preferencias y dosifica sus pasiones saludables.

Pero no se trata de elecciones al azar. Dios siempre tiene un propósito por el cual hace a cada niño de determinada manera. Desea que Su poder, Su creatividad y Su imagen se reflejen de manera única en cada alma. Incluso en los defectos de nacimiento que permite, hay detrás un propósito que demuestra amor (Juan 9:1-3). Su fortaleza suele revelarse con mayor claridad en la debilidad humana, cultivando un carácter y una compasión más profundos en las familias.

Tus hijos tienen en su composición esencial el propósito de ayudar a los demás (Ef. 2:10). Dios los coloca en un tiempo y un espacio específicos, y les permite florecer donde otros se marchitan y satisfacer necesidades únicas que otros no pueden realizar.

Así que, cuando consideras la maravilla de cada uno de tus hijos, el amor te invita a emprender como padre una aventura de descubrimiento, al develar el misterio maravilloso de su diseño.

Es bueno preguntarse: *¿Cuál es su esencia? ¿Cuáles son sus individualidades? ¿En quién está transformándose? ¿Qué rasgos ya tiene que necesiten ser descubiertos y fomentados?*

Quizás ya reconozcas que su género y su orden de nacimiento no son accidentes, sino talentos. Los hijos y las hijas no necesitarán la misma formación. El varón necesita aventura masculina, cultivar la valentía interior y formar una hombría responsable. La mujer necesita que afirmen con amor su belleza, fortalezcan su feminidad y la dirijan para aprender a conectarse con los demás en forma generosa.

Tu primogénito tal vez se relacione mejor con los adultos y sea un líder nato, pero necesita aprender a no salirse siempre con la suya. El segundo hijo puede ser más competitivo; el menor, más independiente, pero cada uno debe ser guiado a canalizar sus impulsos para bien.

¿Ya has discernido la clase de inteligencia de tu hijo? Algunos niños pueden recordar palabras y hechos con facilidad, mientras que otros son emprendedores talentosos. Uno puede ser un ingeniero nato, mientras que el otro es experto en entablar amistades y resolver problemas relacionales. Algunos son meticulosos y técnicos; otros, ingeniosos y cómicos. Cada uno brillará de alguna manera, y debería recibir aliento y valor por lo brillante de su forma de pensar.

Deja que tu amabilidad también devele la mejor manera en que tus hijos comunican y reciben amor. Cada uno debería recibir la misma cantidad de amor, pero no de la misma manera. Uno puede desear tu afecto físico, mientras que el otro anhela principalmente compartir un tiempo de calidad contigo. Observa si a tu hijo lo vigoriza más recibir elogios, servicio o alguna clase de regalo. A medida que descubras lo que le ayuda a sentirse más satisfecho, puedes concentrar estratégicamente tu atención y tu energía con mayor eficacia cuando estés con él.

La crianza amorosa exige descubrimientos guiados. Se trata de escuchar y descubrir cómo piensa, sueña y crece cada niño, de separar la inclinación que Dios les dio de sus anhelos temporales. Es vigilar sus hábitos, protegerlos de sus debilidades e impulsar sus puntos fuertes.

Demasiadas veces, los padres malinterpretan y desorientan. O sus planes son demasiado rígidos, y entonces, obligan y frustran a sus hijos, instándolos a transformarse en algo que Dios nunca quiso. Si tu hijita florece en el piano, no la presiones a tocar la tuba. Si tu hijo se deleita en escribir y cantar, no lo menosprecies por no ser un sobresaliente deportista. En cambio, descubre y abraza el tesoro que te fue dado. Acepta y afirma su diseño. Riega y cultiva las semillas que Dios ya plantó.

Entonces, en lugar de ir en pos del sueño de otra persona, ellos podrán madurar y estar seguros en su propia piel. Y con tu guía y tu amor dedicado, pueden repetir con gozo las palabras que el salmista oró con gratitud: «... tú formaste mis entrañas; me hiciste en el seno de mi madre. Te alabaré, porque asombrosa y maravillosamente he sido hecho; maravillosas son tus obras, y mi alma lo sabe muy bien» (Sal. 139:13-14).

Anota algunas fortalezas singulares de tus hijos y agradece a Dios por cómo los diseñó. Luego, discierne si cada uno responde mejor al afecto físico, la afirmación verbal, el tiempo de calidad, los regalos o el servicio a alguna de sus necesidades. Si conoces su manera preferida de dar y recibir amor, dedica algunos momentos para comunicarles amor de esa manera antes de que termine el día.

__ Haz una marca aquí cuando hayas completado el desafío de hoy.

¿Qué puntos fuertes anotaste para tus hijos? ¿Cómo puedes demostrar tu gratitud por el diseño de Dios para cada uno? Si no estás seguro de sus preferencias respecto a dar y recibir amor, considera qué piden mayormente y de qué se quejan que no reciben. ¿Cómo les demostraste amor hoy? ¿Cómo respondieron?

_Tus manos me hicieron y me formaron [...] para que aprenda
tus mandamientos. (Salmo 119:73)_

Día 6
El amor no es egoísta

*Nada hagáis por egoísmo o por vanagloria, sino que con actitud
humilde cada uno de vosotros considere al otro como más importante
que a sí mismo. (Filipenses 2:3)*

Los hijos son la tarea de Dios para los padres. Se nos encomienda amarlos, enseñarles y formarlos para que tengan una
vida adulta exitosa. Pero este proceso requiere tanta concentra-
ción y atención cuidadosa, que todos los días los padres deben
dejar de lado algo específico que, en caso de no hacerlo, será un
obstáculo: *su propio egoísmo.*

El egoísmo es como una enfermedad que sofoca nuestra
capacidad de amar. Mientras que el amor nos pide que nos
neguemos a nosotros mismos por el bien del otro, el egoísmo
exige que nos pongamos en primer lugar a expensas de los demás. Cuando elegimos ser egocéntricos, perdemos la capacidad
de ser amables y de contentarnos, y nos volvemos más necesitados, susceptibles y exigentes. Más difíciles de satisfacer. La
irritabilidad, la impaciencia, la pereza y la irresponsabilidad son
sencillamente formas encubiertas de egoísmo.

Y *todos luchamos con esto.* Condenamos esta característica en
los demás, pero la justificamos en nosotros. Casi toda acción
errónea y pecaminosa puede rastrearse hasta una motivación
egoísta.

Sin embargo, el amor «no busca lo suyo» (1 Cor. 13:5).
Encuentra satisfacción al llevar amabilidad, salud y bendición
a los demás. Los padres amorosos se empeñan en cuidar bien a
los pequeños humanos imperfectos con quienes comparten la
vida.

Quienes son abnegados también son excelentes amigos,
cónyuges y padres. Están dispuestos a posponer sus propias
exigencias y perderse en el gozo de amar, dar y servir. Dejar

diariamente de lado nuestro propio egoísmo nos enseña a ser más fuertes, fáciles de amar y de sentirnos satisfechos.

La sociedad nos enseña a priorizar nuestros sentimientos y deseos. No obstante, los hijos llegan listos para exigir alimento, limpieza y guía constantes, lo cual requiere mucho trabajo de nuestra parte. Lloran cuando queremos silencio, se pelean cuando anhelamos paz y pueden llamar a la puerta cerrada de nuestra habitación en los momentos más inoportunos.

Los padres pueden considerar el peso de estas responsabilidades como algo que limita su capacidad de hacer lo que quieren cuando lo desean. Pero lo que *en realidad* hacen nuestros hijos es revelar de manera única y a todo color nuestro orgullo, y nos invitan a vivir fuera de las exigencias constantes que impone el orgullo.

Este es, sin duda, uno de los curiosos propósitos de la crianza. Dios usa estratégicamente a nuestros hijos para ayudarnos a volvernos menos egocéntricos, a salir de nosotros mismos y ser más amorosos… más parecidos a Él. Nos ensancha y nos hace madurar con muchas oportunidades de negarnos a nosotros mismos y demostrarles a nuestros hijos amor sacrificado y paciencia. Así como Él hace con nosotros.

Pero a la vez que nos cuidamos de ser egoístas *con* nuestros hijos, también debemos intentar no ser egoístas *respecto a* ellos. En última instancia, nuestros hijos le pertenecen más a Dios que a nosotros. Y nuestra mayor expresión de amor es dedicárselos voluntariamente, protegiéndonos de poner nuestros deseos para ellos o sus propios deseos por encima de lo que Dios quiere para sus vidas.

La historia bíblica de Ana (1 Sam. 1–2) proporciona un hermoso ejemplo de cómo ver con sabiduría a nuestros hijos. Como no podía tener hijos, oró con humildad y fervor al Señor con todo su corazón, y Él la bendijo con Samuel. Por gratitud, Ana dedicó en forma abnegada a su amado hijo al Señor, y Dios lo usó poderosamente para bendecir a la nación y aconsejar a sus futuros reyes.

En el Evangelio de Lucas, vemos cómo María y José dedicaron a Jesús en el templo (Luc. 2:22), y luego honraron siempre a Dios con su manera de criar al niño, reconociendo que le pertenecía a Su Padre celestial.

Tú también eres mayordomo de estos hijos que Dios te ha confiado. Como tal, debes decidir asumir toda la responsabilidad de su sustento, formación y cuidado; escoger dedicárselos al Señor y proponerte en tu corazón criarlos con la ayuda y la gracia divinas. No debes permitir que tu egoísmo te impida cumplir con tu llamado. De lo contrario, los tratarás como algo irritante, te preocuparás por ellos como si fueran otra posesión o los adorarás como ídolos.

Pero cuando reconoces que son de Dios y que Él te ha transformado en su amoroso administrador, puedes disfrutarlos plenamente como un tesoro divino para cuidar y volver a ofrecer al Señor. A los padres que ponen primero a sus hijos o construyen su identidad alrededor de ellos les cuesta mucho más soltarlos, y suele costarles encontrar su identidad y valor propios cuando los hijos se van.

Debemos recordar que el egoísmo y el amor son completamente opuestos. No se puede actuar con amor verdadero y egoísmo al mismo tiempo. El egoísmo hace que pongamos nuestros pasatiempos, entretenimiento y comodidad por encima de nuestros hijos. Hace que muchos padres no quieran tener más hijos porque no desean otra razón para dejar de lado sus propios intereses.

Decidir amar a tus hijos hará que digas «no» a lo que quieres, para poder decir «sí» a lo que ellos necesitan. No significa que no puedas disfrutar de satisfacción personal, pero el bienestar y las necesidades de ellos tienen prioridad sobre los tuyos. El amor lucha por lo que es mejor a ojos de Dios, y lo hace con un corazón agradecido a Él por concedernos la oportunidad diaria de amar a nuestros hijos sin egoísmo y volvernos más fuertes, sabios y parecidos a Cristo durante el proceso.

EL DESAFÍO DE HOY

Dedica tiempo a orar e identifica cualquier obstáculo generado por el egoísmo en tu propia vida que pueda estar evitando que ames a tus hijos con mayor eficacia. Decide dejar de lado cualquier cosa que te impida darles el amor que necesitan. Después, proponte dedicárselos al Señor como un regalo en respuesta a Su amor.

__ Haz una marca aquí cuando hayas completado el desafío de hoy.

¿Qué te reveló Dios mientras orabas? ¿Qué te indicó que hicieras? ¿Cómo respondieron tus hijos a este cambio en ti?

_____

_____

_____

_____

_____

_____

_____

_____

… me alegro de mis sufrimientos por vosotros… (Colosenses 1:24)

DÍA 7
El amor no es irritable

… ustedes tienen que vestirse de tierna compasión, bondad, humildad, gentileza y paciencia. Sean comprensivos con las faltas de los demás…
(Colosenses 3:12-13, NTV)

El amor es una brisa tranquilizadora, no una tormenta en potencia. Tu primera reacción ante los problemas puede dejarles a tus hijos lecciones de carácter positivas y refrescantes o recuerdos dolorosos sobre cómo *no* comportarse bajo presión.

Ser irritable significa «estar cerca de la punta de un cuchillo». Al límite. Siempre cerca del pinchazo. Por desgracia, algunos padres nunca dejan pasar la oportunidad de enojarse con sus hijos. Sienten la obligación de aprovechar cualquier cosa que salga mal para expresar su frustración con la situación.

Pero seamos sinceros. A nadie le gusta acurrucarse con un puercoespín ni recostarse sobre una planta espinosa. Y estas no deberían ser las únicas opciones que les demos a nuestros hijos dentro de su propio hogar. Si enseguida expresamos irritación en lugar de mitigar los sentimientos, no solo probamos la amargura de nuestro corazón, sino que se la hacemos probar también a los que nos rodean.

El amor no se ofende con facilidad, y perdona con rapidez. No se comporta como un mártir frente a contratiempos menores. Nos pide que respondamos con afecto en lugar de susceptibilidad. Y nos llama a neutralizar cualquier explosión que la irritabilidad quiera activar.

Según 1 Corintios 13:5, el amor no se «irrita» fácilmente. No es temperamental, malhumorado ni sarcástico y dañino. En cambio, demuestra la misma paciencia amorosa a nuestros hijos que Dios nos muestra a nosotros, y solo expresa un enojo justo cuando es adecuado, y lo hace durante un corto período de tiempo.

Cuando somos gruñones en casa, mostramos lo opuesto que el amor nos llama a manifestar. Si nuestros hijos nunca serán perfectos, ¿por qué nos sorprende que cometan errores? Nosotros no somos perfectos ante Dios, pero Él no nos envía un rayo para castigarnos cada vez que fracasamos. En cambio, demuestra suma paciencia con nosotros al invitarnos a restaurar la relación con Él (2 Ped. 3:9). Asimismo, la corrección y la disciplina de los padres nunca deberían surgir del enojo descontrolado o de usar a nuestros hijos como un blanco fácil para liberar nuestra tensión.

Si tus hijos siempre perciben tu irritación, sin merecerlo, harás que se sientan menos amados y más inseguros. Sin querer, los alejarás de ti. Y si esta tendencia continúa, lo más probable es que más adelante adopten esta expresión con sus hijos, y repitan así un patrón dañino de generación en generación.

Por eso, luchar contra las causas que originan la irritación es como sacar a puntapiés a intrusos de tu casa. Ni siquiera los dejes entrar. Decide no seguir permitiendo que problemas menores generen reacciones exageradas. Proponte dominar tus emociones. Decide controlar tus palabras cuando la frustración comience a crecer en tu interior, y deja que el amor dirija tus expresiones, acciones e incluso tu semblante.

La irritabilidad suele brotar de dos manantiales amargos: el *estrés* y el *egoísmo*. Cuando reacciones frente a tus hijos, pregúntate si tu nivel de estrés es producido por factores que ya están en juego en tu interior o por lo que están haciendo tus hijos. Si la tensión de otras relaciones, tu salud o las finanzas te agobia, esto puede estar debilitando tu capacidad de controlarte y ser amable. ¿Estás trabajando demasiado, gastando de más o luchando contra el enojo en otras áreas de tu vida? ¿Te falta descanso, ejercicio o una mejor nutrición? ¿Acaso alguna deficiencia espiritual está consumiéndote el corazón y el alma?

Recuerda, la vida se parece más a un maratón que a una carrera corta de velocidad, así que debes controlar tu paso y priorizar. Tu relación con Dios, tu matrimonio y tus hijos siempre deben ser las mayores prioridades de tu vida. Esto significa proteger tu tiempo con ellos y luchar para evitar que otra cosa les quite tu amor y tu devoción, y los coloque entre las cuestiones secundarias.

Deja que la Palabra de Dios te guíe a relacionarte mejor con los demás (Col. 3:12-14); a orar en medio de la ansiedad (Fil. 4:6-7); a protegerte de trabajar de más; y a recordarte que uses el día de reposo para descansar, adorar y redirigir tu energía para cada semana (Ex. 20:8-11). Esta es una buena estrategia que te permite añadir tiempo para recomponerte y un margen para respirar en medio de tu agenda semanal.

La irritación también puede surgir del egoísmo del corazón. La lujuria, la amargura, la avaricia y el orgullo nunca se satisfacen, y provocan desasosiego y enojo. Pero el amor nos inspira a dejar de concentrarnos en nosotros mismos y a despojarnos de estas motivaciones dañinas e innecesarias. El amor trae libertad cuando te lleva a perdonar en lugar de guardar rencor, a ser agradecido en lugar de insaciable, a priorizar a tu familia en lugar de sacrificarla por un ascenso en el trabajo. En cada decisión, el amor disminuye la tensión y prepara el corazón para que puedas responder a tus hijos con paciencia y aliento, en lugar de enojo y exasperación.

Realiza una verificación mentalmente, y quizás descubras alguna razón escondida detrás de tu elevado nivel de irritación. Lleva esta área ante Dios y pídele con sinceridad que te perdone. Cuando acudimos a Él en busca de ayuda y reconocemos nuestras faltas, Su Espíritu fuerte y amoroso trae paz, consuelo y sabiduría en medio de nuestras circunstancias frustrantes, y Su Palabra nos da discernimiento para que podamos parecernos más a Él y brindar dirección y vida a aquellos que más amamos.

HOY MISMO, DECIDE COMENZAR A REACCIONAR CON AMOR FRENTE A TUS HIJOS, EN LUGAR DE IRRITARTE. EMPIEZA ELABORANDO UNA LISTA DE LAS ÁREAS EN LAS QUE NECESITAS DISMINUIR EL ESTRÉS EN TU VIDA. DESPUÉS, ENUMERA CUALQUIER MOTIVACIÓN EQUIVOCADA QUE DEBES ERRADICAR.

__ Haz una marca aquí cuando hayas completado el desafío de hoy.

¿En qué necesitas liberar tensión en tu vida? ¿Cuándo fue la última vez que reaccionaste de manera exagerada? ¿Cuál fue la verdadera motivación detrás de tu reacción? ¿Qué decisiones tomaste hoy?

_____

_____

_____

_____

_____

_____

_____

El que retiene sus palabras tiene conocimiento, y el de espíritu
sereno es hombre entendido. (Proverbios 17:27)

Día 8
El amor gana corazones

Él hará volver el corazón de los padres hacia los hijos, y el corazón de los hijos hacia los padres… (Malaquías 4:6)

La persona que tenga el corazón y el oído de tus hijos ejerce una influencia importante en la dirección de sus vidas. Puedes ser el padre más espiritual e inteligente del planeta, pero si pierdes el corazón de tus hijos, lo más probable es que se alejen de ti con el tiempo. Tu mayor eficacia como padre depende en gran manera de esta cuestión clave.

El rey David era un hombre conforme al corazón de Dios, un gran guerrero, un líder exitoso y un amigo amoroso. Pero perdió el corazón de su propio hijo, Absalón, y esto terminó en una dolorosa disfunción familiar, una vergüenza pública y la muerte de 20 000 hombres en batalla (2 Sam. 13-18). ¿Cómo sucedió?

La fractura comenzó cuando David se volvió distante en su andar con Dios y empezó a esconderse en pecado. Absalón observó que su padre no había hecho justicia con su propio hijo Amnón, quien había violado a Tamar, la hija de David y hermana de Absalón. Cuando Absalón intentó reconectarse con su padre, no llegó demasiado lejos y el rey le dio la espalda. Así que, en venganza, mató al hombre que había herido a Tamar, pero su padre ni reprendió ni quiso acercarse a su hijo descarriado. Cuando Absalón por fin regresó a su casa como el hijo pródigo, intentó llamar la atención de David, pero fue ignorado. Las heridas y el enojo sin resolver lo fueron llevando a iniciar una guerra civil contra su propio padre. Absalón murió en la batalla, dejando atrás una relación rota que atormentaría a David para siempre.

Después de la muerte del príncipe, David coronó a su hijo Salomón como sucesor al trono. Y este, habiendo presenciado la relación trágica entre su padre y su hermanastro, le hizo un revelador pedido a su propio hijo: «Dame, hijo mío, tu corazón, y que tus ojos se deleiten en mis caminos» (Prov. 23:26). Sabía lo que podía suceder si no lo hacía.

El pedido de Salomón hace eco a través de los tiempos, y nos inspira y nos desafía como padres hoy. Ganar el corazón de nuestros hijos no significa acobardarse, cumplir todos sus deseos o darles cualquier cosa que quieran. Implica proporcionarles, con amor, la atención, el afecto y la afirmación que necesitan, mientras nos cuidamos de que cualquier distanciamiento emocional, heridas o problemas sin resolver se interpongan entre nosotros.

Dentro de todos los niños, Dios pone el anhelo de obtener la atención y la aprobación de sus padres (Prov. 4:1-4; 17:6). Además, instruye a los padres: «Padres, no exasperéis a vuestros hijos, para que no se desalienten» (Col. 3:21). Podemos ganar muchas batallas en la vida y, aun así, perder la guerra en casa si nuestros hijos toman distancia, se rebelan y nos ignoran.

Es fácil ver cuándo los hijos han apartado el corazón de sus padres. El tono constante de irreverencia. La falta de ternura. La distancia emocional. No quieren estar cerca de ti ni escucharte. Sus palabras y sus actitudes revelan las heridas y el enojo que fermenta debajo de la superficie.

Los hijos pueden distanciarse emocionalmente por muchas razones. Podría ser tu falta de tiempo, atención o afecto tierno. Promesas incumplidas. Tus acciones pueden comunicar: «No eres lo suficientemente importante como para ser una prioridad en mi vida o como para que me importe lo que te sucede».

Tal vez se trate de los límites estrictos que has trazado. Si creen que tu disciplina es demasiado dura, tus exigencias demasiado grandes o que tienes un hijo favorito, se encenderá una luz de advertencia en su corazón. Esto puede plantar semillas de enojo y resistencia que más adelante broten como amargura en tu contra.

La formación, la disciplina y los límites son necesarios para una buena crianza, pero deben venir envasados y amortiguados en un contexto de amor. A veces, las palabras de represión pueden estar envueltas, en forma inconsciente, en un tono aplastante o una expresión facial que indique odio. Así que, los padres deberían guiarse siempre por la siguiente pregunta: «¿Cómo puedo hablar y tratar a mis hijos en esta situación sin perder el corazón de ellos?».

Pregúntate:

- ¿Tengo el corazón de mis hijos en este momento?
- ¿Ellos saben que tienen el mío?
- ¿Les importa mi opinión?
- ¿Quieren pasar tiempo conmigo?
- ¿Les aflige que esté disgustado?
- ¿Son leales cuando no los veo?

El corazón de tu hijo es lo que hace latir la crianza. Si te das cuenta de que has perdido el corazón de uno o varios de tus hijos, no demores en poner en pausa tu agenda y pedirle ayuda a Dios para volver a ganártelos.

Pero no intentes cambiar a tu hijo antes de examinarte en forma personal (Mat. 7:5). Pregunta si tu Padre celestial tiene *tu* corazón. ¿Eres fiel y estás sujeto a Él? Si tu respuesta es no, entonces no te sorprendas si tus hijos han seguido tu ejemplo y han alejado su corazón de ti y de Dios.

Acércate a ellos y pregunta: «¿Te he herido o agraviado de alguna manera? ¿Estás enojado conmigo? ¿Qué puedo hacer para arreglarlo? Ayúdame a comprender lo que sucede en tu interior».

Estate listo para escuchar, pedir perdón y ayudar a tu hijo a enfrentar sus frustraciones hasta que se hayan resuelto todos los problemas. Deja que tu amor te impulse a realizar los sacrificios necesarios, a cumplir las promesas y a hacer lo que haga falta para asegurarte de haber recuperado el corazón de tu hijo.

EL DESAFÍO DE HOY

Acércate a tus hijos uno por uno y diles que quieres estar más cerca de ellos. Hazles las preguntas que mencionamos cerca del final del capítulo de hoy, y comienza a dar pasos para ganar y mantener su corazón.

__ Haz una marca aquí cuando hayas completado el desafío de hoy.

Si uno o más de tus hijos no desean vincularse contigo ahora, ¿cuál crees que sea la razón? Por otro lado, ¿qué está dándote más resultado para acceder de manera saludable al corazón de ellos? ¿Cómo podrías seguir haciéndolo? ¿Qué descubriste al hablar individualmente con tus hijos respecto a este tema?

_____

_____

_____

_____

_____

_____

_____

_____

Hijo mío, si tu corazón es sabio, mi corazón también se me alegrará.
(Proverbios 23:15)

DÍA 9
El amor atesora

Como uno a quien consuela su madre, así os consolaré yo...
(Isaías 66:13)

Los hombres pueden amar a sus hijos de maneras profundas y con grandes aspiraciones. Cualquiera que piense que el amor de un padre es limitado simplemente porque es hombre, se basa más en un estereotipo que en la realidad o en la riqueza de la Escritura.

Pero aun así, el amor de una madre es invalorable y precioso. Por algo, el día de la madre es donde más tarjetas se venden en el año. Ese domingo, más gente sale a comer afuera que en cualquier otra ocasión especial. Dios hizo el amor de madre cálido y maravilloso.

Cuando David buscó una descripción verbal vívida para expresar lo que se siente al estar completamente en paz, pensó en sí mismo como un niñito que descansaba en el regazo de su madre (Sal. 131:2). Cuando Isaías habló de la restauración de Israel del exilio a su gloria anterior, lo igualó con la sensación de puro gozo y satisfacción que siente un bebé en el pecho de su madre, y dijo que serían «llevados en sus brazos, mecidos en sus rodillas» (Isa. 66:11-12, NVI).

La palabra *cuidar* capta todas estas ideas, y no solo supone el amor de manera general, sino más específicamente, se refiere a «aportar calidez». Describe a un recién nacido con frío y hambre, que es colocado en los brazos amorosos de su madre. Ella lo abraza y envuelve a este bebé indefenso con el calor que irradia su cuerpo y su amor tierno. Lo amamanta y lo sustenta. Acaricia su rostro y sus manitos suaves. Lo besa en la frente y acaricia su cabello delicado. Le susurra y le canta suavemente al oído. Lo consuela y calma sus temores. El bebé se siente seguro y amado. Todo está bien en el calor del abrazo materno.

Eso es *cuidar*.

El amor nos da a cada uno la oportunidad de cuidar a nuestros hijos a medida que crecen. Las mamás pueden tener un temperamento natural y una historia más larga como la parte sustentadora, pero los hombres también son llamados a cuidar. La Biblia también manda a los esposos a cuidar y sustentar a sus esposas con amor tierno (Ef. 5:25-29). Cuando el apóstol Pablo intentó expresar con palabras su amor por las iglesias a las que había ayudado a nacer y donde había servido, dijo que se sentía como «una madre que cría con ternura a sus propios hijos» (1 Tes. 2:7). Los padres deberían abrigar el corazón de sus hijos a su manera, prodigándoles habitualmente grandes dosis de consuelo y cuidado con afecto físico y reconfortante.

Gracias a Dios, la vida les proporciona a los papás y las mamás toda clase de oportunidades cotidianas para expresar esto, sin importar la edad de los hijos. Tu cuidado tierno y el contacto amoroso y apropiado les corren por las terminaciones nerviosas y llevan calidez al corazón.

Puede ser algo tan sencillo como abrazar a tu hijo por encima de los hombros o darle la mano a tu hija. Podría ser abrazarlos mientras miran una película juntos, o guiñarles el ojo y darles un apretón cariñoso en el brazo mientras están en la iglesia. Quizás darte vuelta durante un semáforo en rojo para darle una palmadita en la rodilla o detenerlos en el pasillo para un rápido abrazo y un beso en la frente. A veces, esto puede tomar la forma de unas cosquillas o una lucha amigable sobre la alfombra en la sala familiar o sobre una pila de hojas en el patio trasero.

Pero incluso mientras lees esto, quizás sientas algo de rechazo. Tal vez no seas demasiado expresivo. Te resulta más sencillo comunicar amor mediante inclinaciones de cabeza, sonrisas silenciosas y proveyendo el sustento en la mesa. Es comprensible. No todos tienen recuerdos atesorados de haber recibido amor mediante el contacto físico.

Pero más allá de esto, la fortaleza amorosa de tu toque sigue siendo uno de los regalos cotidianos y singulares que Dios te ha dado para atrapar y cuidar el corazón de tus hijos. Y aunque no deberías sentirte presionado a cambiar tu temperamento natural, recuerda que Jesús tocaba a los niños en forma apropiada y los bendecía (Mar. 10:16), y tu hijo quizás esté perdiéndose de esto y anhelando la calidez necesaria que tu toque podría proporcionar. Quizás esta sea una de las maneras en que Dios traiga sanidad para ayudarte a liberarte de una ofensa perjudicial de tu pasado y la transforme en una bendición saludable y estimulante para tus hijos.

La vida puede ser fría e impredecible para nuestros hijos en un mundo cada vez más lóbrego. Cada día, el estrés puede agobiarlos y derribarlos. A veces, el temor y la inseguridad pueden aparecer como el invierno, y derramar una gélida inseguridad emocional sobre sus corazones.

Pero tal vez, lo único que se necesita para comenzar el deshielo es un afecto tierno de tu parte, como la persona que Dios llamó para criarlos. Tu caricia suave sobre la espalda o el consuelo de tu abrazo fuerte podría darles la fortaleza emocional que calma sus preocupaciones y dudas sobre sí mismos. Y lo más probable es que fortalezca el vínculo entre el corazón de ellos y el tuyo.

La Biblia habla de un leproso que se acercó a Jesús de rodillas un día y le rogó que lo sanara de esta enfermedad terrible de la piel. Jesús podría simplemente haberlo declarado sano. En cambio, contra toda costumbre cultural e higiene personal, «extendiendo Jesús la mano, lo tocó» (Mar. 1:41). La sanidad comenzó con un toque.

Tus hijos necesitan que los cuides. Y nada lo expresa con mayor calidez que tu toque tierno.

EL DESAFÍO DE HOY

¿CÓMO PODRÍAS APORTAR CALIDEZ A LA VIDA Y AL CORAZÓN DE TUS HIJOS HOY? APROVECHA CADA OPORTUNIDAD PARA BRINDARLES UN TOQUE INESPERADO Y AMOROSO. ESCOGE UN GESTO APROPIADO QUE EXPRESE «TE CUIDO», Y HAZLO CON SINCERIDAD.

___ Haz una marca aquí cuando hayas completado el desafío de hoy.

¿Cómo reaccionaron frente a tu afecto? ¿Es algo que debas hacer más a menudo?

_____

_____

_____

_____

_____

_____

_____

_____

_____

_____

*Porque nadie aborreció jamás su propio cuerpo, sino
que lo sustenta y lo cuida… (Efesios 5:29)*

Día 10
El amor no es descortés

… con honra, daos preferencia unos a otros.
(Romanos 12:10)

Los niños pequeños tienen unos modales increíbles. Es imposible no dejar escapar una sonrisa cuando un recién nacido eructa, un bebé en un restaurante se llena la cara de espagueti o un niño pequeño entra a la fiesta de Navidad a medio vestir y le pide a su mamá que lo ayude a ir al baño. Su ignorancia proporciona entretenimiento gratuito para un mundo que comprende y se solidariza.

Pero a medida que pasa el tiempo y los niños crecen, van agotándose las excusas para los malos modales. Lo que solía tolerarse y ser divertido se vuelve inaceptable e irritante.

Tal vez has tenido que soportar a un niño que grita en el teatro, a un chico odioso y sucio que se niega a bañarse durante el campamento de verano o a un adolescente grosero que pelea con sus padres en una tienda de departamentos. En estos casos, la falta de respeto puede ser dolorosamente desagradable e incómoda para los presentes. La tensión en el cuarto es evidente.

Los buenos modales, por otro lado, tienen el efecto opuesto. Aportan calidez al corazón y paz al ambiente. Los niños educados hacen que tu experiencia con ellos sea una fragancia encantadora en lugar de un olor fétido. Con sutileza, elevan el nivel de respeto y disfrute del lugar. ¿No es ese el efecto que deseas que tus hijos tengan sobre los demás? ¿Y sobre ti?

Al enseñar y ser ejemplo de buenos modales para tus hijos, no solo los tratas *a ellos* con mayor honra y respeto, sino que también los ayudas a transformarse en bendiciones vivas para los demás. Los padres que no disfrutan de estar con sus hijos tienen que preguntarse seriamente si alguna vez se tomaron el tiempo de enseñarles a ser considerados, amables y simpáticos.

Los modales, en esencia, son una manera de expresar amor y demostrar respeto por el valor intrínseco de los demás, que fueron hechos a imagen de Dios (Gén. 1:27). La etiqueta respetuosa representa un ejemplo práctico y viviente de la regla de oro (Luc. 6:31). Minimiza lo desagradable al no buscar «cada uno sus propios intereses, sino más bien los intereses de los demás» (Fil. 2:4). Así cumplimos el mandato bíblico de honrar a todos (1 Ped. 2:17).

Los buenos modales no solo los ayudarán a ti y a tus hijos a bendecir a los demás, sino que, a menudo, les proporcionarán a ellos un «favor y buena voluntad» especiales que los hacen sobresalir entre sus pares. Es lo que la Biblia afirma sobre Daniel, uno de los jóvenes del Antiguo Testamento, que tenía «la capacidad para servir en el palacio del rey» (Dan. 1:4) y hallaba favor ante las autoridades, al punto de obtener beneficios especiales (Dan. 1:8-14).

También Jesús, a los doce años, ya sabía cómo mostrar respeto a los mayores, conversar de manera interesante con ellos y escuchar con atención mientras le hablaban (Luc. 2:46). Y Él «crecía en sabiduría, en estatura y en gracia para con Dios y los hombres» (Luc. 2:52). Los modales son un factor importante para bendecir y recibir bendición a cambio.

El éxito público en esta área comienza con lo que ejemplificas en la privacidad de tu hogar. Deja que el amor por tus hijos modifique tu propia conducta cuando estás con ellos. Para ti, puede tratarse de algo tan esencial como abrirle la puerta a tu hija o agradecerle a tu hijo por hacer algo bien. Tener conversaciones estimulantes con ellos y presentárselos con cortesía a tus amigos o a la gente con quien se encuentren. Pedir perdón cuando te equivocas. Ser puntual. Comer con la etiqueta adecuada. Cuanto más grandes son los hijos, más se acostumbran a usar los modales que tomaron del ejemplo de sus padres. Así que, a todos nos vendría bien un curso de repaso.

Nuestros hijos deben ver todos los días cómo les mostramos respeto a ellos, a su madre o padre, a los vecinos, a los invitados y a todas las personas con las que interactuamos.

Los niños van *desarrollando* modales. Hoy observan tu etiqueta en privado; mañana la transforman en su etiqueta pública, y un día, se la transmiten a sus hijos.

Tenemos que llegar a un punto en el que la falta de educación sea inaceptable, tanto para nuestros hijos como para nosotros; en el que no haya burla ni se humille a nadie, y nuestro vocabulario jamás sea vulgar, grosero u obsceno. Una instancia en la que no se permita que las expresiones de desdén, el sarcasmo mordaz y poner mala cara se transformen en un patrón normal de conducta.

En cambio, hay que hablar de la importancia de las pequeñas cosas, como darle prioridad a los demás, hablar sin murmurar, caminar con una buena postura y vestirse en forma adecuada para cada situación. Estos hábitos no solo serán útiles para esta época, sino que les servirán a tus hijos para toda la vida. Los buenos modales son una inversión sumamente sabia para su futuro éxito en la amistad, el matrimonio y el mundo.

Si todavía no lo has hecho, comienza a inculcarles a tus hijos los rasgos de una conducta abnegada y educada. Porque cuando les indicas qué tenedor usar o cómo saludar a un extraño con una sonrisa, no solo estás apuntalando su conducta, sino que también estás siendo un ejemplo de amor y dándole a las partes más profundas de su carácter la oportunidad diaria de que les muestren a los demás el respeto que merecen. Así aprenden a bendecir al mundo con su presencia, y a ganarse una reputación intachable y duradera.

ORGANIZA UNA NOCHE DE MODALES.
HABLEN CON FRANQUEZA DE DISTINTAS
MANERAS DE EVITAR CONDUCTAS
DESAGRADABLES Y MOSTRAR MAYOR RESPETO.
PLANIFICA UNA COMIDA DIVERTIDA CON TU
FAMILIA PARA PRACTICAR BUENOS MODALES,
Y QUE TODOS TENGAN UNA OPORTUNIDAD DE
SERVIR Y SER SERVIDOS. CONSIGUE UN LIBRO
SENCILLO DE REGLAS DEL PROTOCOLO
Y COMIENCEN A APRENDER COSAS
NUEVAS COMO FAMILIA.

__ Haz una marca aquí cuando hayas completado el desafío de hoy.

¿En qué áreas necesitan ajustar sus modales tú y tus hijos? ¿Qué aprendieron juntos con este ejercicio?

_____

_____

_____

_____

_____

_____

_____

El que ama la pureza de corazón tiene gracia en sus labios,
y el rey es su amigo. (Proverbios 22:11)

Día 11
El amor enseña

Y estas palabras que yo te mando hoy, estarán sobre tu corazón;
y diligentemente las enseñarás a tus hijos...
(Deuteronomio 6:6-7)

¿Cuántas cosas te gustaría haber aprendido antes de ser adulto; cuestiones que tuviste que resolver sobre la marcha? ¿Cómo se lleva al día una cuenta bancaria? ¿Cómo se mantiene el auto? ¿Cómo se estudia la Biblia? ¿Cómo se tienen buenas amistades?

¿Qué clase de fiascos vergonzosos te habrías ahorrado si hubieras sabido cómo manejarte en una entrevista de trabajo, cómo cocinar una carne tierna para Navidad o evitar ahogarte en deudas con la tarjeta de crédito?

Navegar en forma eficaz por la vida supone saber cómo resolver problemas... cómo evaluar una situación difícil, solucionarla con sabiduría y sortear un escollo. No obstante, sin preparación guiada y una base de habilidades, siempre empiezas de cero. Vas volando a ciegas. Improvisas sobre la marcha.

Ahí entra en juego la función de la mamá o el papá. El amor considera la crianza como un taller. Un salón de clases para el éxito. Un campamento de prácticas intensivas para las batallas de la vida. Un lugar donde los hijos reciben formación constante para vivir, una aventura a la vez. Desde aprender a atarse los zapatos y andar en bicicleta hasta estacionar en paralelo y planchar una camisa de vestir.

El amor dice: «Ven aquí, déjame mostrarte algo».

«Observa lo que sucede cuando haces esto».

«No cometas el error insensato de...».

Es cierto, podrías resolver tus problemas cotidianos por tu cuenta. A veces, es más rápido así. Pero al invitar a una audiencia más joven y tomarte algo de tiempo para mostrarle cómo hacer algo (incluso al dejar una tarea en sus manos por un tiempo), puedes edificar la relación y aumentar las capacidades de tu hijo al mismo tiempo.

Puedes enseñarles casi cualquier habilidad que tengas si los dejas que te *observen*; luego, que te *ayuden*; y después, que *lo intenten* bajo tu supervisión.

Pero se trata de algo más que simplemente desarrollar tu destreza para el bricolaje o la economía familiar. Amar significa edificar sus mentes y sus coeficientes relacionales también. Añadir fibra moral a su esencia. Desarrollar su cosmovisión con sabiduría.

¿Tus hijos saben qué cuestiones admiras más de las personas que respetas? ¿O qué aprendiste de tus errores más grandes? Después de ver una película, haz preguntas sobre los personajes principales y los mensajes que se transmiten sutilmente en la pantalla. Ayúdales a discernir qué sistemas de creencias se promueven, los puntos fuertes y débiles de los personajes y las conductas que podrían imitarse o evitarse en la vida real.

Pregúntales: «¿Qué es mejor a la larga?» o «¿qué harías si…?», para iniciar debates animados a la hora de la cena y hacer reflexionar a todos.

Pero hay más. Al transformar tu hogar en un laboratorio de aprendizaje, también puedes desmitificar su formación espiritual. La transformas en parte natural de la vida diaria. Cuando puedes entretejer conceptos que honran al Señor en todas las cosas, desde poner la mesa para los invitados hasta compartir vegetales de tu jardín con los vecinos, comunicas que la vida con Dios no es una categoría separada para unas pocas horas en la iglesia. Honrar al Señor es una travesía diaria. Puede suceder un martes por la noche mientras trabajas en un proyecto de arte de la escuela o durante un juego de fútbol en el patio delantero de tu casa.

Sencillamente, el amor tiene corazón de maestro. Sabe que «mejor es la sabiduría que las joyas, y todas las cosas deseables no pueden compararse con ella» (Prov. 8:11). El amor puede

servir las verduras saludables de la vida de manera que tus hijos
las acepten. Y esto implica una nutrición a largo plazo para la
vida.

Eso mismo hizo Jesús con Sus discípulos. Aprovechó el
momento, afirmando cosas como: «Mirad las aves del cielo
[…] vuestro Padre celestial las alimenta. ¿No sois vosotros de
mucho más valor que ellas? […] Por tanto, no os preocupéis»
(Mat. 6:26-31).

Por eso, la Biblia dice que instruyas a tus hijos «cuando
te sientes en tu casa y cuando andes por el camino, cuando te
acuestes y cuando te levantes» (Deut. 6:7). Es deliberado, pero
también oportuno. Los momentos de enseñanza siempre están
disponibles.

¿Quieres que tus hijos tengan éxito? ¿Que no tengan
deudas y administren bien el tiempo? ¿Que desarrollen una
buena ética de trabajo para cumplir los objetivos y no abandonar cuando la tarea ya no sea divertida? ¿Que tengan éxito en
el matrimonio y con su familia? ¿Deseas que sepan lo que tú ya
sabes, que eviten cometer tus mismos errores, y que aprendan
cosas junto contigo, mientras permaneces curioso y enseñable?
Entonces, debes comenzar a obrar intencionalmente ahora y a
redimir las oportunidades que tienes a la mano.

No dejes las conversaciones profundas para cuando tus
hijos se vayan a dormir o se hayan graduado de la universidad.
No planees tu presupuesto o tu agenda sin mostrarles cómo lo
haces. No des el diezmo sin contarles que ellos también pueden
honrar a Dios con sus ingresos (Prov. 3:9-10). Algo que hoy
podría llevarte el doble de tiempo tal vez les ahorre a tus hijos
una doble cantidad de problemas mañana.

La vida tiene suficientes altibajos de por sí. Pero al dejar
que tu amor saque los mapas de carretera y señale dónde están
los puentes, puedes preparar a tus hijos para agradecer a Dios
por ti más adelante, cuando celebren desde las cimas de las
montañas que les enseñaste a escalar. ¿Qué podría encontrar el
amor para enseñar hoy?

EL DESAFÍO DE HOY

ELABORA DOS LISTAS SEPARADAS DE LO QUE QUISIERAS ENSEÑARLES A TUS HIJOS: 1) HABILIDADES PARA LA VIDA; 2) LECCIONES DE VIDA. TENLAS EN UN CUADERNO A LA MANO. BUSCA UNA OPORTUNIDAD PARA HACER QUE TUS HIJOS PARTICIPEN EN UN PROYECTO DE TRABAJO O ALGÚN OTRO MOMENTO DE ENSEÑANZA. QUE ESTO SE TRANSFORME EN UN HÁBITO.

__ Haz una marca aquí cuando hayas completado el desafío de hoy.

¿Qué decidiste hacer con tus hijos? ¿Qué aprendieron? ¿Qué aprendiste *tú*?

_____

_____

_____

_____

_____

_____

_____

Caiga como la lluvia mi enseñanza, y destile como el rocío mi discurso…
(Deuteronomio 32:2)

DÍA 12
El amor alienta

Panal de miel son las palabras agradables, dulces al alma
y salud para los huesos. (Proverbios 16:24)

A los padres les encanta escuchar que otros elogian a sus hijos. Pero quizás no te des cuenta de cuánto anhelan tus hijos escuchar un cumplido de tu parte.

Las palabras tienen muchísimo poder. La Escritura declara: «Muerte y vida están en poder de la lengua, y los que la aman comerán su fruto» (Prov. 18:21). Lo que les dices a tus hijos puede impartir amor y construir puentes de esperanza para ellos o envenenar sus percepciones y aplastar su confianza.

Evidentemente, no sentirás todo el tiempo deseos de elogiar. Tal vez tengas problemas con tus hijos que te sacan de quicio en lugar de hacer que desees alentarlos. Pero a pesar de sus fracasos, ¿tus hijos saben que eres su mayor admirador? ¿Cuándo fue la última vez que salieron de una conversación contigo con una sensación renovada de aceptación, valentía y confianza en sí mismos?

El fruto de tus labios no solo los ayuda a definir su realidad y comprender su identidad, sino también a guiar su destino. Demasiadas veces, los padres maldicen a sus hijos sin saberlo, al ridiculizarlos, insultarlos o decirles que probablemente serán un fracaso en el futuro. Diez segundos de veneno verbal podrían cambiarles la vida por completo. Así que, es vital que refrenemos nuestra lengua (Sant. 1:26; 3:2-12).

Debemos tener cuidado de cómo describimos a nuestros hijos. Hay una diferencia inmensa entre decirle a tu hijo que hizo algo insensato y llamarlo tonto.

Dios cambió muchas veces el nombre de las personas para honrarlas, alentarlas y ayudarlas a modificar la visión de sí mismas (Gén. 17:5; 32:28; Juan 1:42). Tus hijos necesitan comprender con humildad que son pecadores, pero aun así, ver que Dios los ama, que los hizo a Su imagen y que tú, como su madre o padre, los bendices.

Tenemos que permitir que la paciencia y la amabilidad del amor guíen nuestras lenguas y construyan una atmósfera de ánimo poderoso. Nuestras bocas deberían ser manantiales vigorizantes de amor y verdad, en lugar de fuentes contaminadas de palabrotas, quejas e insultos.

Pablo lo expresó así: «Eviten toda conversación obscena. Por el contrario, que sus palabras contribuyan a la necesaria edificación y sean de bendición para quienes escuchan» (Ef. 4:29, NVI). Encontrar defectos nunca debería ser nuestra forma de actuar predeterminada. Los niños que están siempre preocupados por temor a que los reprendan por el error más minúsculo quedarán aplastados por el peso de tus palabras. Aunque Dios podría exponer muchas cosas vergonzosas en nuestra contra, la Biblia revela que se deleita en Sus hijos «con cantos de júbilo» (Sof. 3:17).

¿Cuán a menudo tus hijos te escuchan hacer alarde de ellos en público? ¿Cuántas veces te detienes a reafirmar tu amor o resaltar algo que admiras? Piensa en lo que sucede con sus aspiraciones en ciernes cuando saben que pueden contar con tu aliento para enfrentar un nuevo desafío. Si tienen la seguridad de que estarás allí para apoyarlos, ganen o pierdan, sentirán libertad para dar lo mejor de sí mismos incluso en una tarea difícil.

Estimula a tus hijos de una manera nueva al hacer que tus palabras amables les resulten deleitosas, deliberadas y diarias.

Deleitosas. Es estimulante cuando descubren algo que disfrutas de ellos. Menciónale a tu cónyuge lo que más te gusta de tus hijos, en un tono que se escuche desde la otra habitación. Tu elogio se meterá a sus corazones y puede resonar en sus oídos durante años.

Puedes comenzar una conversación inolvidable preguntando: «¿Sabes lo que me encanta de ti?». O responde a un logro diciendo: «¡Vaya! ¡Estoy impresionado! Tienes mucho talento». Aun si no han hecho nada digno de alabanza por el momento, siempre es bueno tomarlos en tus brazos en forma espontánea y susurrarles: «Estoy tan agradecido de que Dios te haya puesto en nuestra familia». Estas palabras serán como oro para ellos.

Deliberadas. Sé estratégico con tus palabras. Lo que decidas elogiar será lo que tus hijos más valoren y busquen reproducir en el futuro. Así que, ten cuidado de afirmar el carácter más que la apariencia externa o el desempeño público. Señalar lo orgulloso que estás de su honestidad, su diligencia y su amabilidad fortalece más sus cimientos morales a largo plazo que decirles que te gusta su peinado o los calcetines que están llevando hoy. Dirige tus palabras al corazón, donde más importa.

Reconoce que tu estímulo también puede guiar los caminos que decidan tomar más adelante. Declarar: «¡Qué bien que te salió ese dibujo! Me encanta tu atención a los detalles», puede alimentar su deseo de seguir desarrollándose en esa área.

Diarias. Como cualquier niño podría sentirse desalentado o descarriarse en algún momento, tenemos que desafiarlos e inspirarlos verbalmente como un hábito cotidiano. «Exhortaos los unos a los otros cada día, mientras todavía se dice: Hoy; no sea que alguno de vosotros sea endurecido por el engaño del pecado» (Heb. 3:13).

El amor se dedica a buscar razones para afirmar el buen carácter y la conducta apropiada en nuestros hijos, sin importar qué edad tengan. Incluso si ya son adultos, aún puedes encontrar maneras de resaltar las pequeñas cosas que te enorgullecen.

Cuanto más celebres sus vidas ahora, más elevarás sus alas, y esto, a su vez, te proporcionará más razones para festejar en el futuro. Así que, ¡abre la boca y deja que tu amor vuele!

EL DESAFÍO DE HOY

COMPROMÉTETE A MENCIONAR ACTITUDES POSITIVAS DE TUS HIJOS TODOS LOS DÍAS DURANTE LA SEMANA SIGUIENTE. HAZLO TANTO EN PRIVADO COMO EN PÚBLICO, FRENTE A AMIGOS Y FAMILIARES.

__ Haz una marca aquí cuando hayas completado el desafío de hoy.

¿Qué atributos te vinieron a la mente para cada uno de tus hijos? ¿Cómo se los expresaste? ¿Cuál fue su reacción?

_____

_____

_____

_____

_____

_____

_____

_____

_____

_____

_Por tanto, alentaos los unos a los otros, y edificaos el uno al otro,
tal como lo estáis haciendo. (1 Tesalonicenses 5:11)_

DÍA 13
El amor disciplina

… debes comprender en tu corazón que el SEÑOR tu Dios te estaba disciplinando así como un hombre disciplina a su hijo. (Deuteronomio 8:5)

Cuando nuestros hijos se comportan mal, no les hacemos un favor si los ignoramos o le restamos importancia a la situación. El amor nos impulsa a disciplinar con sabiduría. Es una de las maneras en que Dios expresa amor por Sus hijos. «Hijo mío, no rechaces la disciplina del SEÑOR […] porque el SEÑOR a quien ama reprende, como un padre al hijo en quien se deleita» (Prov. 3:11-12).

Cuanto más amas a tus hijos, menos insensatez y rebelión toleras o ignoras. «El que escatima la vara odia a su hijo, mas el que lo ama lo disciplina con diligencia» (Prov. 13:24). Porque, aunque la disciplina es indeseable y desagradable, forma la mente del niño para pensar con sabiduría, y su corazón para someterse con respeto (Prov. 22:15).

«Al presente ninguna disciplina parece ser causa de gozo, sino de tristeza; sin embargo, a los que han sido ejercitados por medio de ella, les da después fruto apacible de justicia» (Heb. 12:11).

Debemos ayudar a nuestros hijos a descubrir que sus acciones tienen consecuencias reales, y que una mayor libertad, una conciencia tranquila y las alegrías duraderas surgen de cultivar una buena conducta y un carácter piadoso. La Escritura afirma que nuestro Padre celestial «nos disciplina para nuestro bien», para que podamos madurar y parecernos más a Él (Heb. 12:10).

Así que, debemos evaluar con sinceridad la condición de nuestro corazón cuando rehusamos corregir a nuestros hijos. Y tenemos que preguntarnos si nos interesa más mantener la paz por el momento que fortalecer su carácter para el resto de sus vidas.

Por más fácil que sea justificar la mala conducta (ya sea por nuestra propia fatiga o por temor al enojo y la resistencia del niño), el amor piensa a largo plazo e interviene para decir y hacer lo que hace falta con valentía. Es lo que el amor de Dios hace por nosotros como Sus hijos.

Considera los niveles de Su disciplina. Dios nos exhorta y nos instruye con claridad mientras nos comunica de antemano las consecuencias de la desobediencia. Si nos resistimos, nos advierte o nos reprende. Entonces, con amor, también nos «disciplina» y «azota» con consecuencias dolorosas y adecuadas cuando nos rebelamos (Heb. 12:5-6). Es paciente, pero no se deja pasar por arriba.

Asimismo, los padres (en especial los varones) deben instruir a sus hijos en la disciplina e instrucción del Señor (Ef. 6:4). *Disciplina* incluye dar instrucciones claras y corregir cuando se rompen las reglas. Pero *instrucción* va más allá y apela a la conciencia, sabiendo que Dios es la Persona suprema a quien tienen que honrar y obedecer.

Si nuestros hijos no desarrollan un respeto fundamental por Dios, no tendrán un cimiento duradero para tomar verdaderas decisiones morales en el futuro. Su carácter y Sus mandamientos son la *razón* detrás de *lo que* les enseñamos. Mentir está mal porque Dios es verdad y nos ha mandado andar en la verdad. El asesinato y el odio se oponen a Su amor y Sus mandamientos. Todas las autoridades representan Su autoridad. Si no les enseñamos a nuestros hijos a obedecernos «como al Señor», simplemente los entrenamos para desobedecer más a Dios en el futuro.

La Biblia da el ejemplo de Elí, el respetado sacerdote hebreo cuyos dos hijos adquirieron mala fama por sus engaños, robos e inmoralidad. Frustraron a su padre, pero él no los confrontó por sus indiscreciones. Esto no agradó a Dios, quien le preguntó a Elí: «¿Por qué [...] honras a tus hijos más que a mí...?» (1 Sam. 2:29; 3:13). En lugar de reprenderlos, Elí había puesto su amor ciego por la felicidad presente de sus hijos por encima del llamado divino de formarlos en el temor del Señor.

Lo que parecía amor por ellos se había transformado irónicamente en una indiferencia destructiva ante su pecado. Al igual que Elí, cuando no disciplinamos, se pone en tela de juicio nuestro amor a largo plazo.

Si no formas a tus hijos para que sean respetuosos y te tomen en serio en la batalla de hoy, perderás miles de otras batallas en el camino. El amor no huye de los problemas, sino que paga voluntariamente el precio de la crianza. Cuando los hijos pecan, el amor interviene para explicar qué está mal y por qué. Para implementar lo mejor para ellos. Para confrontar con valentía la insensatez y la rebelión. Para establecer consecuencias y límites claros.

La Biblia no defiende el abuso perjudicial o con odio, pero sí llama a disciplinar en forma adecuada y *suficientemente dolorosa* como para surtir efecto y hacer que tus hijos respeten tu autoridad, para que no deseen repetir la mala conducta. Los hijos no toman en serio a los padres que sermonean, regañan y amenazan, pero que nunca cumplen ningún castigo que valga la pena temer. Las acciones y las consecuencias dan peso a tus palabras.

Si dijiste que le darías unas nalgadas a tu hijo, lo castigarías o perdería un privilegio si hacía algo mal, debes cumplir con lo prometido. De lo contrario, tus palabras se vuelven vacías y tus hijos no te toman en serio, o peor aun, te consideran un mentiroso.

Sí, es necesario equilibrar la disciplina con paciencia, gracia y misericordia. Siempre debes proteger el corazón de tus hijos y explicarles tus decisiones con amor, claridad y justicia, sabiendo que pueden amargarse si actúas con un enojo descontrolado o si la consecuencia no es adecuada para el delito.

Pero nuestro mundo no necesita más niños deshonrosos que se salen con la suya constantemente. El amor nos lleva a criar hijos con honorabilidad y responsabilidad. Que amen a Dios y caminen en integridad. Que sean de bendición para sus familias y para la sociedad. Y para esto, es necesario el amor de un padre que se atreva a disciplinar.

ORA POR LOS MÉTODOS QUE USAS PARA
DISCIPLINAR. ¿SON EFICACES? ¿CORRIGES
LA CONDUCTA, PERO APELAS TAMBIÉN
A LA CONCIENCIA? DECIDE USAR EN EL
FUTURO DISCIPLINA DIRECTA, PERO JUSTA, Y
ESFUÉRZATE POR EQUILIBRAR TUS ACCIONES
CON EL OBJETIVO DE HONRAR AL SEÑOR.

__ Haz una marca aquí cuando hayas completado el desafío
de hoy.

¿Qué cambios podrías realizar para asegurarte de reprender
a tus hijos con disciplina y amonestación?

_____

_____

_____

_____

_____

_____

_____

_____

_____

_____

Porque el mandamiento es lámpara, y la enseñanza luz, y camino de vida las reprensiones de la instrucción. (Proverbios 6:23)

DÍA 14
El amor es compasivo

Como un padre se compadece de sus hijos, así se compadece
el SEÑOR de los que le temen. (Salmo 103:13)

Si todavía no ha sucedido, llegarán días en los que tus hijos se verán obligados a enfrentar las inevitables nubes negras de la vida. Desilusiones desgarradoras. Fracasos devastadores. Malas noticias inesperadas. Confusión, ansiedad y estrés.

Estas pueden aparecer como la pérdida de una posesión preciada, un fracaso en la escuela, la crueldad en las palabras de otro niño o incluso la vergüenza de su propio pecado o mal comportamiento. En cualquier caso, estos momentos les proporcionan a los padres la oportunidad ideal para demostrar una de las características más valoradas en la vida... la *compasión.*

Es lo que todos anhelamos de los demás cuando estamos heridos, cargados o avergonzados. Lo que admiramos en aquellos que dan a los pobres o que sirven a los minusválidos y los oprimidos.

La compasión es simplemente decidir sentir un interés sincero y comprensivo por la carga pesada que agobia a otra persona y estar dispuesto a hacer algo al respecto. Significa escuchar los problemas de otro en lugar de ignorar su malestar. Tomarse el tiempo para secar una lágrima en lugar de permitir que otra se derrame. Cubrir la culpa en lugar de exhibirla. Compartir la carga en lugar de ignorarla.

Cuando las personas sufren, están sedientas de gotas de misericordia de cualquier fuente, y correrán hacia toda persona que les ofrezca compasión. Como padre, tu misericordia amorosa grita «¡me importa!» cuando tus hijos están convencidos de que nadie se preocupa por ellos. Y por eso es tan importante mostrar este rasgo vital que da Dios.

Las situaciones difíciles en las vidas de nuestros hijos son oportunidades increíbles para probarles que somos un refugio seguro adonde correr con sus cargas y angustias. Si descartamos su dolor sin ofrecer un oído dispuesto o ayuda, lo más probable es que no acudan a nosotros más adelante, cuando el problema sea más grave.

A las personas *faltas de compasión* siempre se las ve como egoístas y desalmadas. Frías e insensibles. Por percibir tal falta de compasión, los obreros hacen huelga, los adolescentes se rebelan, las esposas abandonan a sus maridos y los ciudadanos derrocan a sus dictadores.

La compasión no siempre es sencilla o automática. Casi nunca es conveniente o cómoda. Pero tu amor debería disipar toda duda en tus hijos de que tomas en serio sus cargas. Deben verte como un oasis de cuidado e interés, en lugar de un desierto seco que no ofrece ningún alivio. Pero para que esto suceda, debes guiar tu corazón para que esté dispuesto y sea comprensivo. Los niños son sumamente impresionables. ¿Qué sucedería si la primera voz a la que puede acudir tu hijo cuando necesita consuelo o consejo fuera la tuya?

Jesús, como siempre, fue ejemplo de los mayores atributos del amor, incluida la calidez misericordiosa de la compasión. En forma maravillosa, dejó ejemplos de cómo demostrársela a...

- los *cansados*, las personas «angustiadas y abatidas» (Mat. 9:36)
- los *ignorantes*, como «ovejas sin pastor» (Mar. 6:34)
- los *desorganizados* que estaban abrumados (Mar. 8:1-3)
- los gravemente *endeudados* (Mat. 18:27)
- los *enlutados* que habían perdido a un ser amado (Luc. 7:12-14)
- el *pecador* quebrantado (Luc. 15:20-21)
- los *abusados y necesitados* (Luc. 10:31-35).

Jesús se permitió conmoverse con compasión y sentir personalmente las angustias y las tribulaciones que los demás experimentaban. Entonces, se puso en acción para aliviar su carga. Es más, dentro de las siete «compasiones» de Jesús, encontrarás una representación bastante completa de Su obra salvadora: cómo se acercó a nosotros cuando estábamos *agobiados* por el pecado, *en deuda* espiritual con Él, *ignorantes* respecto a cómo eximirnos, *mal preparados* para enfrentar a Dios y la eternidad. Aunque a Él le *entristece* nuestra *maldad* y está dolorosamente consciente de ella, nos ofrece el perdón que *necesitamos* y que Su sacrificio amoroso puede proporcionar (Rom. 5:8).

Jesús invitó: «Venid a mí, todos los que estáis cansados y cargados, y yo os haré descansar. Tomad mi yugo sobre vosotros y aprended de mí, que soy manso y humilde de corazón, y hallaréis descanso para vuestras almas. Porque mi yugo es fácil y mi carga ligera» (Mat. 11:28-30). Dios puede encontrarse con nosotros en medio de las crisis, cuando nuestro corazón clama a Él. Es fiel para compadecerse de nuestras debilidades (Heb. 4:15-16) y responder nuestras oraciones.

Asimismo, tu disposición a reconfortar y consolar a tus hijos los acercará a ti y hará que sigan acudiendo a tu ayuda. En lugar de tener que luchar solos con las dudas y las preguntas espirituales, esperando que jamás descubras lo que han hecho, permaneciendo preocupados por los cambios en su cuerpo o sintiéndose inseguros por lo que dicen sus pares, sabrán que tu puerta y tu corazón están siempre abiertos a sus confesiones e inquietudes.

Es cierto, hay momentos claves en los que deberías decirles que dejen de lado la autocompasión y comiencen a crecer. O que comprendan que la vida no es justa y que las personas pueden ser crueles; o que necesitan arrepentirse de sus pecados y arreglar su situación con Dios. Pero esta clase de formación y disciplina debe equilibrarse con suficientes momentos tiernos de compasión, como para que sepan que te preocupas profundamente por ellos y que tu amor está dispuesto a sentir su dolor y llevar sus cargas (Gál. 6:1-2).

Así somos las manos tiernas de Jesús. De esa manera, los envolvemos con nuestros brazos, en lugar de retorcerles el cuello. Así sabemos cuándo intervenir y rescatarlos en lugar de abandonarlos en un pozo. Es el consuelo hermoso y sanador de la compasión.

EL DESAFÍO DE HOY

Busca oportunidades de demostrarles compasión a tus hijos. Escucha con más atención sus inquietudes. Ayúdalos a aliviar la carga en áreas que pueden resultarles demasiado pesadas. Pregunta si puedes orar por ellos sobre algo que te hayan contado. Permanece disponible para atender sus heridas y preocupaciones.

__ Haz una marca aquí cuando hayas completado el desafío de hoy.

¿Qué oportunidades encontraste para mostrar compasión? ¿Cuál fue el resultado?

_____

_____

_____

_____

_____

_____

_____

_____

Venga a mí tu compasión, para que viva. (Salmo 119:77)

Día 15
El amor es de Dios

Amados, amémonos unos a otros,
porque el amor es de Dios…
(1 Juan 4:7)

El amor de los padres por sus hijos es uno de los sentimientos humanos más poderosos. Desde sostener a un recién nacido en tus brazos, alentar a tu hijo en un encuentro deportivo o acompañar a tu hija hasta el altar, el afecto paterno que disfrutamos es hermoso y potente.

La palabra griega *storgé* describe este amor familiar y el afecto natural que sentimos por nuestros parientes de sangre, en especial, por nuestros hijos.

Quizás te resulte familiar la palabra *eros*, que se refiere al amor romántico y físico entre personas que se aman; o *fileos*, el amor fraternal y el afecto que sentimos por los amigos cercanos. Pero *storgé, eros* y *fileos* comparten ciertas restricciones. Están limitados por la capacidad humana, influenciados en gran manera por los sentimientos, y pueden cambiar según las circunstancias. Incluso las personas egoístas y malvadas pueden conmoverse por momentos y sentir estas clases de amor hacia su cónyuge, hijos o amigos.

No obstante, existe un amor más fuerte que todos estos. El amor más real, puro y grande de todos. Es abnegado y pone a los demás primero. Es incondicional y sacrifica todo. Es imparable porque «todo lo sufre, todo lo cree, todo lo espera, todo lo soporta» (1 Cor. 13:7).

La palabra griega *ágape* se refiere al amor que Dios nos manda demostrar más en nuestra vida. El *ágape* es único, porque no depende de los sentimientos, las circunstancias ni la conducta de la persona amada. Es el maravilloso amor que Dios tiene por nosotros como Sus hijos, el que nosotros también podemos tener por *nuestros* hijos… el amor que estamos describiendo día a día en este libro.

Como nuestro amor paternal está limitado por nuestra capacidad humana y contaminado por nuestra pecaminosidad, la clave para amar a nuestros hijos en forma incondicional con amor *ágape* no es esforzarse más, sino hacer uso de esta fuente pura y perfecta. «Amados, amémonos [con *ágape*] unos a otros, porque el amor [*ágape*] es de Dios» (1 Jn. 4:7).

Nuestro amor paternal es apenas un pequeño charco a comparación del río del amor incondicional de Dios por nosotros. Pero al conectarnos con Él y con Su provisión inagotable, el amor que podemos tener por nuestros hijos puede llegar a ser el amor *de Dios* por ellos. Puede emerger a través de nosotros así como un río trae agua desde una fuente superior. Su amor —el amor del Padre (1 Jn. 3:1)— es lo que nos da, como padres, la capacidad de amar en forma más abnegada e incondicional.

Detente y piensa en esto, en especial, si no tuviste un padre que te amara así, o si te preocupa que tu amor para con tus hijos no sea suficiente, por más que te esfuerces. La realidad es que el amor que Dios puede darte para prodigarles a tus hijos es infinitamente más fuerte que el que puedes dar como padre. Está fortificado por Su amor, el origen y la fuente de *toda* clase de amor.

Tenemos que hallar descanso en esta verdad. Dios nuestro Padre está mucho más interesado en nuestros hijos que nosotros. Así que, parte de nuestro objetivo como padres es comunicarles a nuestros hijos que el *verdadero* amor, junto con su valor supremo como individuos, proviene del amor de Dios hacia ellos. Él es quien los amó y los creó de manera singular. Y Su amor puede sustentarlos, sin importar quién los rechace o los desilusione en la vida. Su Palabra declara: «Porque aunque mi padre y mi madre me hayan abandonado, el SEÑOR me recogerá» (Sal. 27:10).

Así que, en realidad, no son sus expresiones cautivadoras ni el encanto de la juventud lo que hace que amemos a nuestros hijos como debemos. Y la falta de respeto o de autocontrol tampoco debe hacer que los amemos menos. Los amamos porque «Dios es amor» (1 Jn. 4:16) y porque Él nos amó primero (1 Jn. 4:19).

Cuando miramos a nuestros hijos (sean bebés, adolescentes o mayores), vemos individuos creados «a imagen suya» (Gén. 1:27). Y aunque están manchados por el pecado humano (Sal. 51:5), su Padre en el cielo igual ha decidido amarlos con Su perfecto amor *ágape* (Rom. 5:8).

Cada día y con cada nuevo desafío, ten en mente esta verdad que penetra y redirige: *tienes la oportunidad divina de experimentar y representar el amor de Dios.* Nuestros hijos no son juguetes para simplemente fotografiar y hacer que nuestras vidas parezcan más completas. No son límites para nuestra libertad ni monumentos a nuestra grandeza. Pueden agradarnos y enorgullecernos. Pueden fracasar y desilusionarnos. Pero nuestros hijos no es una cuestión referente a *nosotros.* Lo importante es Aquel que nos los dio, y el amor que tiene por ellos.

Dios ama a tus hijos más que tú. Y los amarás más que ahora si permites que Su amor fluya en y a través de ti. Esto sucede por fe. Al acudir a la mayor expresión del amor de Dios, Su Hijo (Juan 15:13), y cuando caminamos con Él a diario y oramos: «Padre celestial, recibo tu amor perfecto e incondicional y te pido que ames a mis hijos a través de mí. Hazme un canal de tu perfecto amor».

En primer lugar, ¿para qué tenemos hijos? *Porque Dios los ama y ha escogido compartirlos con nosotros.* ¿Qué representa nuestra relación con ellos? *Una imagen viva del amor de Dios por Jesús y por nosotros.* ¿Qué determina el valor de nuestros hijos para nosotros? *El inmenso amor de Dios por ellos.* ¿Cuáles son tus objetivos al criarlos? *Honrar y amar a Dios...* al amarlos a ellos.

Como Dios los ama. Como nos ama a nosotros.

Si es posible, recuérdales hoy a tus hijos que «Dios es amor» (1 Jn. 4:16) y que los ama profundamente. Ora con ellos para que siempre sepan que pueden acudir a Él como su amoroso Padre celestial. Y ora en forma personal, para que Dios te ayude a recibir Su amor por ti y a transformarte en un canal de Su amor para tus hijos (Juan 15:9).

___ Haz una marca aquí cuando hayas completado el desafío de hoy.

¿Cuál fue el resultado de tu interacción? ¿Te reveló Dios algo nuevo y vigorizante sobre Su amor y cómo puedes amar a tus hijos?

_____

_____

_____

_____

_____

_____

_____

… Mi Padre eres tú, mi Dios y la roca de mi salvación. (Salmo 89:26)

DÍA 16
El amor respeta a Dios

El *temor* del SEÑOR *es el principio de la sabiduría...*
(Proverbios 1:7)

Les enseñamos a nuestros hijos a tener cuidado del tráfico que se aproxima, de las serpientes venenosas y de la combinación electrizante de un tomacorrientes y un cuchillo de untar. Pero hay un temor adecuado que no solo los protegerá, sino que también les dará sabiduría, honor y bendición para la vida.

Es el temor reverente de Dios.

¿Sabías que los padres tienen el mandamiento de enseñarles a sus hijos a temer a Dios, para que puedan vivir mejor y más tiempo? (Deut. 6:1-13). Un temor saludable del Señor es la clave que les permite a nuestros hijos pensar de manera más sabia, hablar en forma más honorable y vivir de un modo que agrade a Dios.

Deberíamos hacer eco de la invitación de David, que dijo: «Venid, hijos, escuchadme; os enseñaré el temor del SEÑOR» (Sal. 34:11). El temor del Señor es el máximo respeto por Aquel que es todopoderoso y completamente santo. No es un motivo para huir de Dios, sino una mayor razón para correr a Él y caer de rodillas ante Su presencia. El Señor es tan puro y poderoso que temerle nos enseña (tanto a padres como a hijos) a tomar sumamente en serio Su gobierno y Sus mandamientos.

Dios no solo es paciente, amable y amoroso, sino también santo, poderoso y completamente justo. Es imposible burlarse, ignorarlo o hacer caso omiso de Él sin consecuencia (Gál. 6:7). Su reino es supremo, y el cielo y la Tierra están a Sus pies (Mat. 28:18; 1 Cor. 15:27). La Biblia lo describe como «fuego consumidor», a quien deberíamos servir y reverenciar con asombro (Heb. 12:29). El temor del Señor despierta sabiduría y discernimiento en nuestro interior y en nuestros hijos, al darnos cuenta de que vivimos en un universo que está bajo Su absoluto control.

Todo comienza con una conciencia de la *presencia* de Dios. No podemos huir ni escondernos de Él (Sal. 139:1-12). Es omnisciente y conoce todos nuestros pensamientos, deseos y motivaciones. Sus ojos ven todo lo que hacemos (Prov. 15:3).

En segundo lugar, nos trae conciencia de Su *poder* ilimitado. Con omnipotencia, sostiene nuestras vidas y nuestro destino eterno en Sus manos. Jesús declaró: «No temáis a los que matan el cuerpo, pero no pueden matar el alma; más bien temed a aquel que puede hacer perecer tanto el alma como el cuerpo en el infierno» (Mat. 10:28). Nunca debemos perder nuestro asombro por Su gracia salvadora para con nosotros. No es olvidadizo ni senil. Solo el influjo amoroso de Su misericordia eclipsa Su poder sobre nosotros.

En tercer lugar, el temor del Señor nos recuerda que debemos tener sumo respeto de la *santidad* de Dios como un Ser apartado, infinitamente superior a todo lo demás. Perfecto en todo aspecto. Acercarse a Él sería como intentar acercarse al sol. Comprenderlo sería como intentar tragarse el océano.

Cuando un hombre y sus hijos aprender a temer al Señor, comienzan a detestar la maldad, el orgullo y la perversión (Prov. 8:13), y a «evadir los lazos de la muerte» (Prov. 14:27). Este temor puede ayudar a una niñita a dejar de mentir y a un adolescente a apartarse de la inmoralidad, al descubrir que hay un Dios santo que los ve.

Una de las mayores advertencias de la Biblia es contra aquellos que menosprecian o ignoran a Dios. Algunos piensan neciamente que se puede desoír a Dios o ser más astuto que Él, aunque el Señor «cuenta el número de las estrellas» y «su entendimiento es infinito» (Sal. 147:4-5). Si todas las personas temieran a Dios, dejarían de robar y matar, odiar y lastimar, y comenzarían a caminar con un respeto humilde hacia el Señor y el prójimo.

Una de las maneras olvidadas en que los padres deberíamos bendecir a nuestros hijos es honrar al Señor con nuestra adoración personal y humilde. No solo al asistir a la iglesia, sino con un amor auténtico que fluya con obediencia y reverencia a Dios en todo lugar. Nuestro respeto a Él debe ser tal que rehusemos vivir de una manera que le desagrade.

La Biblia declara: «… Cuán bienaventurado es el hombre que teme al Señor, que mucho se deleita en sus mandamientos. Poderosa en la tierra será su descendencia; la generación de los rectos será bendita» (Sal. 112:1-2). David escribió: «¡Cuán grande es tu bondad, que has guardado para los que te temen!» (Sal. 31:19).

El temor del Señor es «fuente de vida» que puede espantar todos nuestros otros miedos (Prov. 14:26-27). No solo evita que pequemos, sino que abre las compuertas para que se derrame bendición. Sabiduría, consejo y comprensión. Abundancia, honra y productividad. La presencia y la provisión divinas.

Así que, el temor de Dios puede ser una de las cosas más importantes por las que puedes orar y apuntar a desarrollar en el corazón de tus hijos. A medida que aprendan a respetar al Señor, aumentará su respeto por la vida y por ti. Al hablar con ellos sobre la grandeza de Dios y nuestra necesidad de honrarlo, puedes ayudarlos a ver el amor y la bondad inherentes a Su poder, mucho más que un ser capaz de protegerlos, guiarlos y cuidarlos.

Porque a pesar de inspirar asombro, también es un Dios íntimo. Es todopoderoso y, a la vez, lleno de misericordia. Servir a un Dios tan grande no es una carga, sino un privilegio sagrado. Cuanto más le teman tus hijos, más podrán conocerlo y amarlo con humildad. Entonces, recibirán luz y alinearán su corazón con la grandeza de Dios.

Negar al Señor es solo el comienzo de lágrimas y años de reproches. Pero temerle es el punto de partida para la vida mejor y más abundante de todas.

PÍDELES A TUS HIJOS QUE LEAN EL SALMO 139 CONTIGO. DESPUÉS, PREGÚNTALES QUÉ APRENDIERON SOBRE DÓNDE SE ENCUENTRA DIOS Y QUÉ SABE DE NOSOTROS. EXPLICA QUE EL SEÑOR LOS CREÓ, LOS AMA, SIEMPRE LOS VE Y UN DÍA LOS JUZGARÁ POR CÓMO VIVIERON. TERMINEN ORANDO JUNTOS LOS VERSÍCULOS 23-24.

___ Haz una marca aquí cuando hayas completado el desafío de hoy.

¿Cómo recibieron tus hijos esta verdad? ¿Qué dijeron sobre los pasajes que leyeron? ¿Qué impacto pueden tener estos versículos sobre su manera de pensar y en tu forma de criar?

_____

_____

_____

_____

_____

_____

_____

_____

Él bendecirá a los que temen al Señor, tanto a pequeños como a grandes.
(Salmo 115:13)

DÍA 17
El amor busca la bendición de Dios

Pues le haces bienaventurado para siempre; con tu presencia
le deleitas con alegría. (Salmo 21:6)

Los padres esperan que sus hijos sean saludables y crezcan felices. Seguros y protegidos. Amados y bendecidos. ¿Pero qué significa *eso* en realidad? ¿A qué nos referimos con *bendición* para un niño, un adolescente o un joven? En realidad, la palabra conlleva la idea de ser favorecido, fructífero y satisfecho; exitoso y pleno. Que tiene razones para regocijarse y estar contento.

Es cierto, todos queremos bendición para nuestros hijos. Deseamos que sean fuertes, sabios, habilidosos, alegres; bendecidos con amistades maravillosas y matrimonios saludables. ¿Pero quién es la persona que recibe la bendición de Dios? ¿Y cómo pueden experimentar esto nuestros hijos?

En primer lugar, ¿sabías que tu fe y tu relación personal con Dios pueden invitarlo a bendecir más a tus hijos? La Escritura afirma: «Bienaventurado todo aquel que teme al SEÑOR, que anda en sus caminos», lo cual hace que tus hijos crezcan «como plantas de olivo alrededor de tu mesa»: fructíferos, fuertes y prósperos (Sal. 128:1,3). Dios declaró que bendijo a los descendientes de Abraham por la gran fe del patriarca (Gén. 17:6-8). Más adelante, le dijo al pueblo en la frontera de la tierra prometida: «He puesto ante ti la vida y la muerte, la bendición y la maldición. Escoge, pues, la vida para que vivas, tú y tu descendencia, amando al SEÑOR tu Dios, escuchando su voz y allegándote a Él» (Deut. 30:19-20).

Así que, si caminas en fe e integridad (con amor, temor y obediencia a Dios), Su Palabra revela que Él te bendecirá a ti *y a tus hijos* gracias a esto.

Además, Jesús describió distintas actitudes amorosas y abnegadas que deberíamos desarrollar para recibir bendición y satisfacción dichosa sin importar cuáles sean nuestro entorno y circunstancias (Mat. 5:3-12). Y aunque estas «beatitudes» no surgen en forma natural, les damos a nuestros hijos una oportunidad mucho mejor de cultivarlas cuanto antes empezamos a enseñarles, a ser ejemplo y a defender estas cualidades en casa. Jesús dijo...

«Bienaventurados los pobres en espíritu». Ser «pobre en espíritu» se refiere a depender momento a momento de la fortaleza, el Espíritu y la sabiduría de Dios y no de nuestros recursos. Es reconocer que solo Él provee el perdón y la salvación, y que no son cuestiones que surgen de nuestro interior. Hace que la oración sea más perpetua, al saber que dar amor y hacer bien cada día solamente es posible con la ayuda del Señor, no porque tengamos todas las respuestas o el poder. Los niños pequeños se sienten indestructibles, pero necesitan la guía y la protección divinas cada día. Como padres, deberíamos transformar nuestros hogares en lugares de oración, donde nos guiemos mutuamente a admitir con humildad nuestra necesidad y pedirle a Dios Su gracia que nos da poder y nos capacita.

«Bienaventurados los que lloran». Dios promete consolar y bendecir a los que lloran por las cosas que lo hacen llorar a Él. La vida de un niño debería incluir mucha diversión y risas, pero aun así, reconocer que muchas otras cosas no son divertidas; como la violencia y el abuso, el dolor de un amigo cercano o la pérdida de un ser querido. El amor no se ríe del pecado, sino que se lamenta por él (Ezeq. 9:4). Se aflige por la situación de los pobres, las tragedias nacionales, la muerte y el infierno. Al ver que la vida puede ser terrible y dolorosa, los niños descubren que amar de verdad a Dios y a los demás a veces significa derramar lágrimas. El amor equilibra las expresiones de gozo con lágrimas prudentes.

«Bienaventurados los humildes». El amor no se altera ni es obstinado; no menosprecia a otros ni actúa con superioridad. Nos humilla y nos hace ver a los demás como iguales o más importantes. En el caso de los niños pequeños, esto significa compartir, tomar turnos y no arruinar la fiesta con caprichos. En el caso de niños más grandes, puede significar alentar y saber jugar en equipo en lugar de enojarse porque no le pasan la pelota o no gana siempre. La palabra original de la Biblia aquí es «mansos», que no quiere decir *débiles*, sino, más bien, saber mantener «la fortaleza bajo control». Significa no necesitar tener más fuerza y brillo que los demás ni tener que opacarlos. Es mantener los pies sobre la tierra y ayudar a los demás a sentirse bien.

«*Bienaventurados los que tienen hambre y sed de justicia*». Tenemos que anhelar vivir bien y estar a cuentas con Dios y con los demás... tener «hambre» de esto. La mayoría de los niños saben qué es estar antojado de sus comidas favoritas. Pero tal vez podrías encontrar un momento aleccionador para ayudarles a entender que conocer íntimamente a Dios y tener hambre de vivir como Él quiere les brindará más satisfacción que cualquier cosa que el mundo pueda ofrecer (Sal. 16:11; 37:4, 63:5).

«*Bienaventurados los misericordiosos*»: aquellos que perdonan a los demás, que tienen compasión del necesitado y andan con un corazón de siervo listo para ayudar.

«*Bienaventurados los de limpio corazón*»: aquellos que no muestran una cara diferente en dos situaciones distintas, sino que caminan en integridad y están dispuestos a arrepentirse si fracasan.

«*Bienaventurados los que procuran la paz*»: aquellos que se apuran a mitigar los desacuerdos y ayudar a los demás a estar en paz entre ellos y con Dios.

Por último, Jesús dijo que son bienaventurados los que reciben burlas y maltratos, ya sea por una reacción violenta contra su buena conducta, su fe cristiana o su postura valiente sobre un principio. Nuestros hijos deberían aprender a regocijarse si tienen la aprobación de Dios, sin importar que el mundo esté de acuerdo o no. A la larga, sabemos adónde pueden llegar nuestros hijos si hacen concesiones... y no es a un pleno goce de las bendiciones más espléndidas de Dios.

El amor quiere que nuestros hijos sean saludables, felices y que prosperen en todo lo que hagan. Nosotros soñamos con esto y nos esforzamos por alcanzarlo. Por eso, el amor escoge un camino comprobado para llevarlos hasta allí: las promesas «bienaventuradas» de Dios para los niños de todas las edades. Comienza por casa.

EL DESAFÍO DE HOY

PREGÚNTATE SI TU ESTILO DE VIDA ATRAE
LA BENDICIÓN DE DIOS PARA TU FAMILIA O
LA REPELE. ¿QUÉ ES NECESARIO CAMBIAR?
EN SEGUNDO LUGAR, ESCOGE DOS O MÁS DE
LOS ATRIBUTOS MENCIONADOS HOY Y HABLA
AL RESPECTO CON TUS HIJOS A LA HORA DE
COMER. DESPUÉS, PÍDELE A DIOS QUE LES
INCULQUE UNA SED TANTO A ELLOS COMO
A TI PARA DESARROLLAR ESTAS ACTITUDES
DE VIDA.

__ Haz una marca aquí cuando hayas completado el desafío
de hoy.

¿Qué cuestiones familiares te vinieron a la mente mientras
leías hoy? ¿Qué atributos elegiste y por qué? ¿Qué conclusiones
sacaste de la conversación que tuvieron?

_____

_____

_____

_____

_____

_____

_____

La bendición del Señor es la que enriquece, y Él no añade tristeza con ella.
(Proverbios 10:22)

Día 18
El amor da el ejemplo

Sea el matrimonio honroso en todos... (Hebreos 13:4)

La Biblia tiene muchos ejemplos de personas que buscaron la ayuda de Dios y recibieron una respuesta sabia pero inesperada. Naamán, el capitán de un ejército, estaba enojado después que el profeta Eliseo le indicó que se lavara en el río Jordán si quería curarse de la lepra (2 Rey. 5:10-12). Un joven rico y materialista se fue frustrado cuando Jesús le dijo: «vende todo lo que tienes y reparte entre los pobres [...] y ven, sígueme» (Luc. 18:22).

Dios sabe que no siempre entenderemos o nos gustarán Sus soluciones para nuestras circunstancias. Así que, cuando acudes a Él con un deseo de amar más a tus hijos, que no te sorprenda si uno de Sus requisitos más importantes te resulta inesperado: *amar y respetar a tu cónyuge mucho más.*

Los hijos se apoyan y crecen sobre el cimiento de la relación de sus padres. Cuanto más muestras amor y respeto genuino por tu pareja o por tu ex, más fuertes y amados se sentirán tus hijos. El amor no solamente se escucha y se enseña sino que también se ve y se capta.

El matrimonio es una de las principales maneras en que Dios nos enseña cómo amar a otro pecador egoísta en forma incondicional. Es el ambiente ideal para que crezcan nuestros hijos. Pero cualquier romance puede marchitarse si el amor no va al frente. Las disputas y la amargura pueden transformarse en algo tan común como el sol que se pone todas las noches. ¿Y qué sienten y aprenden tus hijos cuando esto sucede? Inseguridad, ansiedad y enojo. ¿Cómo interpretan y captan el mensaje de amor si los padres se pelean constantemente? Les cuesta recibirlo en medio de este mar de disfunción relacional.

Tu interacción con el padre o la madre de tu hijo puede ser maravillosa, mediocre o un campo minado, pero sigue siendo el principal ejemplo afectivo en la vida de tus hijos. Tal vez hayas atravesado un divorcio doloroso y todavía existan oportunidades para pelearse por teléfono o quejarse con los hijos sobre el padre ausente o la madre irritable. Pero ¿qué clase de confusión crea esto en el corazón de un niño: escuchar que les expresan palabras de amor, pero los ven actuar con crueldad y hostilidad entre ellos?

Sin importar cuál sea tu estado civil en este momento, Jesús te manda a amar al otro progenitor de tu hijo, ya sea que se trate de un amigo cercano (Juan 15:13), un prójimo distante (Luc. 10:25-37) o un archienemigo (Luc. 6:27-29). El amor no es opcional en la economía divina para las relaciones interpersonales. Aunque el amor no siempre equivale a confianza o intimidad en cada dinámica, debería inspirar ejemplos cotidianos y constantes de paciencia y bondad, sin importar lo que el otro haya hecho en el pasado. Ser fiel, cálido, comprensivo y cooperativo con tu cónyuge quizás no siempre sea fácil, pero verás la recompensa en el corazón de tus hijos en forma de seguridad, paz, fortaleza y una mayor aceptación de sí mismos.

Evidentemente, no puedes controlar por completo el clima de tu casa. Quizás tú mismo te esfuerces mucho para lograr la unidad, pero obtengas disfunción a cambio. Sin embargo, amar a tus hijos supone hacer tu parte para calmar los ánimos. Tragarte tu orgullo. Pedir perdón por tus errores. Escuchar. Afirmar. Abrir los ojos y ver cuánto de lo que dice tu cónyuge (o ex) puede tener más verdad de la que estás dispuesto a admitir. Cualquier cambio amoroso que puedas hacer no solo será bueno para *ti*; lo más probable es que esto resulte en más sonrisas cálidas y momentos agradables en familia a la hora de comer. Tal vez no se solucione todo, pero podría encaminarlos en la dirección correcta.

Padre: la mayor responsabilidad de dar el ejemplo es tuya. Es fácil sentir que te faltan el respeto y, después, desquitar tu ego frustrado con tu esposa, menospreciándola enfrente de tus hijos. No solo es deshonroso, insensato y cruel, sino que, a menudo, tus hijos proyectarán tu desaprobación de su amada madre sobre sí mismos, y lo interpretarán como una insatisfacción encubierta con ellos también.

Ambos padres deberían ser ejemplo de una relación saludable para sus hijos. Hablar en forma negativa y poner a los hijos en contra de alguno de sus progenitores no es amor. Tus palabras y actitudes deberían hacer que los hijos respeten al otro padre más, no menos. Tendrías que hacer que el mandamiento de «honra a tu padre y a tu madre» sea más fácil para tus hijos, en lugar de dificultarlo.

No hay problema si tienen un desacuerdo respetuoso a puertas cerradas, pero los padres siempre deben mantener un frente unido cuando están los hijos, porque ustedes son los conceptos que definen el matrimonio, la unidad, la comunicación y la reconciliación en las mentes en formación de los niños. Por naturaleza, tenderán a seguir tu ejemplo, sea de amor o de amargura. Y a menudo, les transmitirán lo mismo a tus nietos y bisnietos.

Al margen de lo que tu cónyuge o tu ex haya hecho, tu perdón puede desarmar gran parte del daño y evitar que se derrame sobre la cabeza y el corazón de tus hijos. Sin importar lo que *tú* hayas hecho, decide cambiar y comenzar a ser ejemplo de bondad una vez más. Sé paciente si resolver la situación lleva más tiempo de lo que pensabas. En la medida que puedas y con la ayuda de Dios en oración, aumenta tu respeto y tu amor por el otro progenitor. Será uno de los mayores actos de amor que tus hijos puedan recibir.

EL DESAFÍO DE HOY

PÍDELE A DIOS QUE TE DÉ MÁS AMOR Y
RESPETO POR TU CÓNYUGE (O POR EL OTRO
PROGENITOR DE TU HIJO). HOY MISMO, DILES
ALGO ALENTADOR Y POSITIVO A TUS HIJOS
SOBRE SU PADRE O MADRE. SI HASTA AHORA
LO MENOSPRECIASTE FRENTE A TUS HIJOS,
PÍDELES QUE TE PERDONEN.

__ Haz una marca aquí cuando hayas completado el desafío
de hoy.

¿Qué les dijiste a tus hijos? ¿Cómo reaccionaron?

_____

_____

_____

_____

_____

_____

_____

_____

_____

El amor sea sin hipocresía… (Romanos 12:9)

DÍA 19
El amor protege

El Señor te protegerá de todo mal;
Él guardará tu alma.
(Salmo 121:7)

Seamos sinceros: el mundo está cada vez peor. Ya casi no hay vecindarios donde los niños puedan deambular en forma segura al atardecer, hasta que sus madres encienden la luz del porche para avisar que está lista la cena. Cada vez más, se incrementan las amenazas a su seguridad física y las fuerzas en contra de sus convicciones en desarrollo. La televisión, los videojuegos e Internet exponen a los niños al mal más temprano y con mayor frecuencia. Y sin importar cuántas personas te califiquen de dominante por insistir en saber adónde y con quién están todos, tu tarea no es agradarlos a ellos. Tu responsabilidad es criar.

Y esto supone proteger.

La Escritura muestra cómo la madre de Moisés protegió a su hijito de la peligrosa amenaza contra su vida y su seguridad (Ex. 2:2). Señala cómo el carpintero José trasladó dos veces a Jesús para proteger al pequeño Mesías del deseo asesino del rey (Mat. 2:13-14,22). También revela cómo Salomón le advirtió a su hijo sobre las amistades insensatas (Prov. 13:29), los malos negocios (Prov. 6:1-5) y las mujeres libertinas (Prov. 5:1-14).

El salmista nos dice que «el ángel del Señor acampa alrededor de los que le temen, y los rescata» (Sal. 34:7). ¿No te alegra que Dios esté pendiente de dónde estás y te invite a refugiarte en Él? (Sal. 34:8). ¿Acaso tus hijos no deberían disfrutar de una tranquilidad similar, al saber que tu amor se preocupa profundamente por su bienestar?

El amor siempre protege. Nos lleva a cuidar la mente, el cuerpo, el corazón y la pureza de nuestros hijos. En lugar de exponerlos a situaciones que los sobrepasan, el amor es sabio y mantiene la confusión y los valores ofensivos a un mínimo. En vez de dejarlos librados a su propia inmadurez y la persuasión de los pares, el amor los prepara para colocarse el cinturón de seguridad temprano y establecer vallas morales para manejar los giros inesperados de la vida. Además, mantiene esos límites en su lugar hasta que nuestros hijos estén preparados para manejar más libertades y responsabilidades.

El amor se mantiene alerta. Les cubre la espalda. Puede decir «¡no!», incluso frente a una crueldad. Y está dispuesto a ser el malo de la película para ser un buen padre.

Por eso, no solo proteges a tus hijos de meterse en problemas; también estás protegiendo su libertad y oportunidades a largo plazo. El mismo amor que no los deja abandonados para vagar por la ciudad un viernes por la noche también los ayuda a mantener un buen testimonio y una reputación impecable. El mismo amor que mantiene la computadora en una habitación central también ofrece una vida libre de distracciones interminables o adicciones desenfrenadas.

No te quepa duda, la cultura baja cada vez más la edad mínima a la que tus hijos supuestamente están listos para manejar la depravación. Violencia atroz. Nociones sexuales. Lenguaje sucio. Acceso ilimitado a Internet.

Pero recuerda, tus hijos no le pertenecen a la cultura. Tampoco es tu tarea agradar a alguien que no tiene el privilegio y la responsabilidad de trasmitir un legado familiar sólido. La Biblia nos recuerda que Dios nos encargó salvaguardar el alma de nuestros hijos y que, un día, tendremos que rendirle cuentas sobre cómo manejamos esta responsabilidad (Heb. 13:17).

Tus hijos ya crecen demasiado rápido. Pero al usar tu autoridad parental para bloquear la presión que intenta agobiarlos, ganas tiempo para llegar a su corazón y moldear su madurez. Al no ser demasiado permisivo, puedes dejarles probar nuevas aguas en forma gradual y con sabiduría, en lugar de empujarlos por el precipicio hacia la oscuridad.

Proteger no es simplemente restringir. No se trata de evitar lo negativo e impedir que algo llene ese vacío. Se trata de superar la marea del mal con una ola de bien (Rom. 12:21). Es rodearlos de buenos libros, música maravillosa y amigos piadosos. Es ayudarlos a aprender «a discernir entre lo sagrado y lo profano [... a] distinguir entre lo inmundo y lo limpio» (Ez. 44:23). Es presionar pausa en el control remoto y hablar con franqueza sobre lo que estuvo bien o mal en la última escena de la película. Al ayudarlos a discernir y al fortalecer sus capacidades de resistencia, los equiparás con la protección portátil que necesitan cuando estén lejos de ti.

Pero por ahora, estás a cargo de tu hogar. Eres el entrenador que determina los ejercicios y los prepara para la batalla. Tienes que establecer el equilibrio para saber cuándo presionar y rodear, y cuándo relajarte y dejarlos que aprendan. Si quieres equiparlos hoy para que ganen mañana, considera estos tres atributos clave que deberías desarrollar en tus hijos y por los cuales orar:

1. Un discernimiento moral del bien y el mal (Heb. 5:14)

2. Un apetito por el bien y un aborrecimiento del mal (Rom. 12:9)

3. Una disposición valiente a permanecer firme bajo presión (Dan. 1:8-16)

Usa estos atributos en forma estratégica y permítete ser protector. Tu amor no solo guardará a tus hijos del mal, sino que también creará en ellos la seguridad y la estructura espiritual para vivir con integridad y para guiar a otros.

EL DESAFÍO DE HOY

Habla con tu cónyuge para establecer los límites adecuados para tus hijos respecto al acceso a Internet, la televisión, las películas y el uso del teléfono. En oración, traza pautas para las actividades que se les permitirán realizar con amigos. Antes de presentarles las decisiones a tus hijos, oren pidiendo discernimiento y que el Señor obre tanto en el corazón de ustedes como en el de sus hijos.

__ Haz una marca aquí cuando hayas completado el desafío de hoy.

¿Qué decidiste? ¿Surgieron áreas nuevas al orar? ¿Cómo reaccionaron tus hijos?

_____

_____

_____

_____

_____

_____

_____

Como aves que vuelan, así protegerá el SEÑOR de los ejércitos a Jerusalén;
la protegerá y la librará, la perdonará y la rescatará. (Isaías 31:5)

DÍA 20
El amor lleva tiempo

Por tanto, tened cuidado cómo andáis; no como insensatos, sino como
sabios, aprovechando bien el tiempo. (Efesios 5:15-16)

Imagínate acostado sobre tu lecho de muerte, haciendo un
repaso de tu vida. ¿Qué te gustaría haber hecho más? ¿Trabajar
en la oficina? ¿Limpiar la casa? ¿Mirar más televisión? No. Nada
de eso importará en ese momento. A menudo, el mayor reproche es no haber amado más a las personas más importantes para
uno. Nunca tuvieron tiempo para hacerlo.

Y si no tienes cuidado, todo lo que es secundario y nimio
en la vida te robará tiempo con las personas que amas. Unas
horas extra en el trabajo. Otro viaje de negocios. Mirar los
últimos minutos de otra competición deportiva por televisión.
Un correo electrónico más, una actualización en la red social
o un video viral que te sientes tentado a mirar. Elevas la vista
segundos más tarde y te preguntas adónde se fueron las horas,
los años y tus hijos.

Nunca hay suficiente tiempo para todo. Las cosas insumi-
rán tanto tiempo como les permitas. Algo siempre queda sin
terminar, pero tenemos que elegir con sabiduría lo que hacemos… y lo que no.

Esperas que todo tu trabajo y sacrificio actuales lleven a
un lugar en el que tengas libertad y algo de tiempo para pasar
con las personas que amas… un día en el futuro, cuando por
fin puedas detenerte y disfrutar de ellas. Pero ¿qué me dices de
disfrutarlas ahora? No tenemos asegurado el futuro. Lo único
que tenemos es el presente. No importa de qué se trate, pero si
algo siempre termina alejándote de tu familia, ¿será tan bueno después de todo? Recuerda que lo «bueno» es siempre el
enemigo de lo mejor de Dios. Tenemos que escoger lo mejor a
nuestro alcance.

Nuestros hijos no suelen quejarse cuando llegamos tarde a casa otra vez o les decimos que estamos ocupados. Terminan esperando en las sombras hasta que se cansan de nuestras excusas, y al final, se van a hacer otra cosa. Además, les prometemos que los compensaremos. Quizás el próximo fin de semana. Pero lo que estamos gritando, sin saberlo, es: «Estamos ocupados con lo que es verdaderamente importante. Tú no lo eres. Ve a molestar a otro».

Jamás *diríamos* algo así, por supuesto. Pero puede ser lo que ellos escuchen. Nunca huiríamos y abandonaríamos a nuestros hijos de repente, pero podemos hacerlo poco a poco y sutilmente, mes tras mes; ir dejándolos como ovejas sin pastor.

Nosotros tenemos que intervenir y apretar pausa. Porque el amor lleva tiempo. Tiempo precioso e invalorable. Es el paso perpetuo de nuestras vidas. Nunca espera y jamás regresa. Cada acto de amor lo exige. Perder el tiempo es malgastar una porción de vida y otra oportunidad de amar.

La Escritura manda a los padres que prioricen el tiempo con sus hijos. Es una de nuestras responsabilidades más importantes. El mayor mandamiento de todos, que aparece por primera vez en Deuteronomio 6, es «amarás al Señor tu Dios» con todo tu ser (v. 5). Es el imperativo supremo de las leyes divinas. No obstante, los dos versículos siguientes explican que los padres deben enseñarles a sus hijos a amar a Dios mediante una interacción diaria con ellos durante la mañana, mientras se sientan juntos en el hogar, mientras viajan y cerca de la hora de dormir. Estos cuatro momentos clave son la receta de Dios para guiar nuestras prioridades. Nuestros hijos necesitan que nos hagamos tiempo para ellos todos los días, para que podamos representar bien a Dios y Sus prioridades.

Jesús expuso la verdadera naturaleza de la persona demasiado ocupada mientras visitaba a sus amigas María y Marta. En la mente de Marta, la llegada de Jesús y Sus discípulos significaba que ella y su hermana tenían que trabajar sin descanso y preparar algo sorprendente. En cambio, encontró a María sentada a los pies de Jesús, disfrutando de Su compañía y pendiente de cada palabra que Él pronunciaba.

Marta interrumpió: «Señor, ¿no te importa que mi hermana me deje servir sola? Dile, pues, que me ayude». Pero Jesús, con Su manera sabia y amable, contestó: «Marta, Marta, tú estás preocupada y molesta por tantas cosas; pero una sola cosa es necesaria, y María ha escogido la parte buena, la cual no le será quitada» (Luc. 10:40-42).

Sus palabras viajan por el tiempo y llegan a nuestros oídos. *Deja de preocuparte por cosas secundarias. Escoge lo prioritario. Ama a las personas mientras puedas. Deja de lado lo innecesario.* Es lo que hace el amor todo el tiempo. Elegir a nuestras familias por encima de la vorágine del mundo es escoger la buena parte, aquella que nunca puede ser «quitada». El amor te desafía a blandir la poderosa palabra «no» y usarla con libertad frente a cualquier cosa que te impida hacer esto.

Sin duda, hay un equilibrio. No hay que adorar a los hijos. Dios está primero, nuestro matrimonio en segundo lugar, y luego, los hijos. A veces, los hijos también tienen que esperar. Pero todo lo que está después debe pasar a un segundo lugar en nuestro corazón y encontrar su sitio adecuado en nuestras agendas, mientras protegemos nuestro tiempo con aquellos que Dios puso a nuestro cuidado.

Así que, resiste la tiranía de lo trivial. Calcula primero el tiempo en familia para que te ayude a decir que no a otras cosas. Esfuérzate cuando sea la hora de trabajar, y luego delega intencionalmente o pospón el resto. Deja de preocuparte por agradar a personas que no llorarán en tu funeral. Sacrifica lo bueno por lo mejor, para poder mostrar amor cada día. Deja los platos y los arbustos unos minutos más. Seguirán allí cuando hayas pasado un poco más de tiempo con tus hijos.

Podemos hacer afirmaciones increíbles sobre lo que es más importante para nosotros, pero nuestro uso del tiempo hará la declaración más estridente y acertada de todas.

EL DESAFÍO DE HOY

Apaga el televisor e Internet esta noche y pasa algo de tiempo de calidad con tus hijos. Habla, escucha y juega con ellos. Mira la sección del apéndice ii titulada «Doce ideas audaces para aprovechar al máximo el tiempo en familia» en la página 205 y considera cuántas ideas podrías implementar con tu familia.

__ Haz una marca aquí cuando hayas completado el desafío de hoy.

¿Qué decidiste hacer, y cómo respondió la familia?

Ella vigila la marcha de su casa... (Proverbios 31:27)

DÍA 21
El amor es justo

Porque con Dios no hay favoritismos. (Romanos 2:11, NVI)

El favoritismo casi siempre lleva a la envidia, el enojo y los celos. Y la última persona que se da cuenta de esto suele ser la que lo demuestra. Pero el niño a quien hacen sentir menos deseable, capaz o que su presencia no es tan grata puede percibirlo apenas sucede.

Nuestra naturaleza humana egoísta es lo que hace que prefiramos al rico en lugar de al pobre, al hermoso antes que al mediocre y al fuerte en vez de al débil. Pero esta no es la naturaleza del amor. Por eso, Dios se propuso comunicarnos que Él no tiene favoritos (Rom. 2:11) y que nosotros tampoco deberíamos hacer «nada con espíritu de parcialidad» (1 Tim. 5:21). También expresó este principio en la Biblia mediante historias poderosas y verídicas. Como la mayoría de estos ejemplos suceden dentro del contexto familiar, es importante evitar especialmente cometer este delito perturbador con nuestros hijos, incluso en su percepción.

Cuando Jacob fue engañado para que se casara con Lea en lugar de Raquel, su preferencia por esta última llevó a una rivalidad constante y a sentimientos heridos (Gén. 30:1-2). Más adelante, el favoritismo de Jacob por José, el primogénito de Raquel, hizo que sus otros hijos quisieran matar a su hermano menor (Gén. 37:18-20).

La envidia fue lo que impulsó a un paranoico rey Saúl a la ira y los complots asesinos contra David, el joven favorito del pueblo y futuro sucesor del rey. Los celos hicieron que los discípulos de Jesús discutieran sobre quién sería el mayor. Y si algo resume el odio de los fariseos contra Jesús fue la envidia que tenían de Su poder y autoridad, cuando las multitudes llegaban en masa para verlo enseñar y sanar (Mat. 27:18).

Las Escrituras advierten: «Cruel es el furor e inundación la ira; pero ¿quién se mantendrá ante los celos?» (Prov. 27:4). Y si queremos amar bien a nuestros hijos, tenemos que evitar que esta habilidad sutil y peligrosa se infiltre en nuestras familias, al menos, de dos maneras:

1. *Celos entre hermanos.* Nunca pondrías a un hijo en contra del otro en forma intencional, pero sus ojos juveniles captan todo lo que haces, incluso lo que haces sin querer. Pueden percibir la cantidad de tiempo que le dedicas a uno en lugar de al otro y cualquier inconsistencia en tu manera de administrar disciplina. Reconocen cuándo disfrutas más de uno que del otro. Quizás no lo expresen en voz alta, pero las marcas del desaliento y el aprecio que se desvanece podrían perdurar en sus ojos si no expresas amor en forma equilibrada. Este resentimiento oscuro podría transformarse en una rebelión abierta más adelante.

Es cierto, hay épocas, horarios o circunstancias que requieren que te concentres más en las necesidades de un hijo en particular... incluso su mala conducta. Otros hijos casi siempre son los primeros en probar cosas nuevas. Los niños más decididos y responsables suelen obtener recompensas con mayor facilidad. Y es más fácil estar cerca de un niño sumiso y tranquilo que de uno obstinado y desafiante.

Pero en cada situación, el amor hace que nos esforcemos para pastorear el corazón inseguro de cada uno de ellos, valorar sus puntos fuertes y guiar nuestras palabras con sabiduría para ayudarlos a eliminar cualquier maleza de envidia que quiera arraigarse en su interior.

Para hacerlo, debes asegurarte de que cada hijo escuche, vea y sienta tu amor. Todos necesitan tiempo constante, afectuoso y personal con sus padres. De lo contrario, su percepción se transformará en su realidad.

2. *Celos entre los padres.* La mamá y el papá poseen dones, personalidades y roles diferentes. Y Dios desea utilizar a cada uno de distintas maneras para satisfacer mejor las necesidades

de sus hijos. Pero esta transacción por turnos no siempre es un intercambio parejo. A menudo, uno de los dos es el «padre divertido». Uno puede disciplinar con más dureza. El otro parece tener menos responsabilidades. Y esto puede llevar a que uno o ambos sientan celos o enojo hacia el otro.

Pero recuerda, el amor es paciente, amable y abnegado. Celebra el éxito en lugar de sentirse amenazado frente a él. Ambos tienen que interceptar cualquier tipo de envidia dando gracias a Dios en forma frecuente y deliberada por las cualidades del otro, que lo transforman en un padre excelente. Díselo a tu cónyuge. Cuando oren juntos, agradece a Dios por el compañerismo que disfrutan al trabajar juntos para ayudar a sus hijos a transformarse en individuos completos. Si uno de los hijos te prefiere, elogia al otro padre y ayuda a dirigir el corazón de tu hijo a comprenderlo y valorarlo más.

Por último, el terreno más fértil donde los celos y el favoritismo pueden echar raíces es en las familias fusionadas y las situaciones de custodia compartida. Tal vez vivas en esta dinámica y entiendas que el problema de los celos no siempre tiene respuestas fáciles. Pero eso no significa que no se puedan evitar y minimizar estas situaciones. Hace falta paciencia en abundancia. Halagar a los que no están presentes, en lugar de criticarlos. Responder rápido y con amor abrumador a un hijo que se sienta amenazado. Intentar impedir que viejas heridas se filtren y afecten las preferencias actuales. No le des a los celos ni un centímetro cuadrado para prosperar en tu hogar.

A nuestros hijos siempre les costará recibir nuestro amor si perciben que es de segunda clase a comparación del que tenemos por los demás. No obstante, el amor genuino, expresado en forma regular y sin medida, puede ayudar a aplacar el fuego que la envidia quiere avivar. Dales a tus hijos el corazón gozoso que se encuentra en tu amor equilibrado.

PREPARA UNA CAJA O CARPETA PARA CADA
UNO DE TUS HIJOS. COMIENZA A
COLECCIONAR RECUERDOS, FOTOGRAFÍAS
Y PREMIOS. DILES QUE JUNTARÁS COSAS
NUEVAS Y ESPECIALES PARA ELLOS. DE VEZ
EN CUANDO, MIREN JUNTOS EL CONTENIDO
DE SU CAJA, COMO UNA FORMA DE EXPRESAR
CUÁN ORGULLOSO ESTÁS DE SU VIDA
Y SUS LOGROS.

__ Haz una marca aquí cuando hayas completado el desafío
de hoy.

¿De qué manera decidiste afirmar a cada uno de tus hijos
por igual? ¿Qué crees que significó y significará para ellos?

_____

_____

_____

_____

_____

_____

_____

Tened el mismo sentir unos con otros… (Romanos 12:16)

Día 22
El amor respeta la autoridad

Escucha a tu padre, que te engendró, y no desprecies
a tu madre cuando envejezca. (Proverbios 23:22)

Pocas cosas son más agradables en un niño que ver cómo respeta y se somete a la autoridad en forma genuina. Cómo presta atención a sus maestros. Sigue las instrucciones de sus entrenadores. Es educado con los mayores. Quizás, más que nada, es agradable ver cómo miran a los ojos a sus padres con respeto y obediencia amorosa.

Hay un mandamiento fundamental en la Biblia dirigido específicamente a los hijos: «Hijos, obedeced a vuestros padres en el Señor, porque esto es justo» (Ef. 6:1-3; Col. 3:20). Pero mejor que simplemente ayudarlos a ser agradables, Dios ha prometido recompensas de por vida para aquellos que honran a sus padres. Y la tarea del amor es ayudar a tus hijos a entender esta verdad vital.

De los diez mandamientos que Moisés trajo desde la montaña, Dios distinguió el quinto, «honra a tu padre y a tu madre», dándole quizás Su respaldo y motivación más resonante: «para que te vaya bien, y para que tengas larga vida sobre la tierra» (Ef. 6:2-3). Algo especial sucede cuando los hijos reconocen la importancia fundamental de la estructura de autoridad establecida por Dios. Contribuye a su sensación general de bienestar. Además, sienta las bases para recibir más confianza, libertad y bendiciones de parte de los padres, y también induce la bendición de Dios.

Por eso, el amor anhela esto para nuestros hijos. No solo para facilitarnos la vida a *nosotros*, sino también para permitirles caminar toda la vida bajo el favor de Dios.

Por el contrario, muchos jóvenes sufren tragedias como resultado de la rebelión contra sus padres. Es irónico que aquellos que se quejan más sobre el dolor y la disfunción de sus vidas suelen ser los mismos que resistieron el consejo de sus padres a través de los años. Hicieron oídos sordos a sus palabras y ahora viven con las consecuencias.

Lo que sucede con tus hijos en casa los seguirá a todas partes. Al enseñarles a hablarte con respeto, obedecer sin quejarse y esforzarse cuando están solos de la misma manera que cuando los supervisan, los preparas para honrar a sus autoridades futuras y ganarse su favor. Y lo más importante, esto los forma para obedecer más rápido a Dios cuando les hable y les revele Sus planes maravillosos para ellos.

No, no harán todo a la perfección. Nosotros tampoco. Pero necesitamos ayudarlos a comprender que Dios, en Su perfección, usa autoridades imperfectas para llevar a cabo Su perfecta voluntad. La Biblia enseña que toda autoridad proviene de Él. Y no importa si son familiares, funcionarios de gobierno, líderes de la iglesia o empleadores, nuestras autoridades fueron establecidas para representar Su gobierno protector y orientador sobre nosotros (Rom. 13:1-4).

A menos que estas autoridades nos pidan que pequemos, tenemos que honrar a Dios al honrar a estas personas y sus instrucciones. Podemos disentir y apelar con respeto frente a una determinada decisión, pero no debemos mantener resistencia contra ellas.

Dios valora tanto la autoridad que la hizo una parte frecuente de Su enseñanza en toda la Biblia. En el Antiguo Testamento, los hijos de Israel que herían o maldecían a sus padres obtenían el mismo castigo que los asesinos o los blasfemos (Ex. 21:15-17).

Después de la venida de Cristo, Dios siguió instruyendo a los creyentes a distinguirse por respetar a quienes tenían posiciones de liderazgo, aunque fueran personas despiadadas y crueles. Mientras el mundo se burla de las autoridades indiferentes, los seguidores de Cristo deben caracterizarse por su respeto continuo. Jesús dijo: «Y cualquiera que te obligue a ir una milla, ve con él dos» (Mat. 5:41). La Escritura enseña: «Estad sujetos a vuestros amos con todo respeto, no sólo a los que son buenos y afables, sino también a los que son insoportables» (1 Ped. 2:18). Dios nos dice que tenemos que orar por «todos los que están en autoridad» sobre nosotros (1 Tim. 2:1-2).

Respétalos. Hónralos. Sírvelos. Ora por ellos. Incluso por los que se aprovechen de su superioridad sobre ti. La disposición del cristiano de cumplir más de lo que se espera con sus obligaciones coloca el foco de atención en lo que el poder y el amor de Cristo pusieron en su corazón.

Tus hijos necesitarán que les enseñes en casa sobre la sabiduría de humillarse ante la autoridad. «Obedezcan a sus dirigentes y sométanse a ellos», enseña la Palabra, para que las autoridades puedan cumplir sus responsabilidades «con alegría y sin quejarse» (Heb. 13:17, NVI).

Ahora, pregúntate: ¿tus hijos ven una actitud de *respeto* hacia la autoridad? ¿Cuando pasas cerca de un patrullero? ¿Cuando hablas sobre el liderazgo del gobierno? ¿Cuando comentas sobre tu jefe? ¿Cuando el pastor toma una decisión que no entiendes por completo? ¿Cuando interactúas con tus propios padres y tienes que atender a sus necesidades en la vejez?

No solo tenemos que cuidar nuestro tono, sino también el corazón. Antes de oponernos a la autoridad de alguien, ¿somos conscientes de que Dios es el responsable de colocar a esa persona en su posición de liderazgo sobre nosotros? ¿Estamos orando por ella? ¿Nos preocupa su bienestar? ¿Y su alma? ¿Queremos que vea la luz de Jesús en nosotros? Si deseamos que nuestros hijos vivan con las bendiciones del respeto a la autoridad parental, el amor nos llama a dar el ejemplo y marcar el camino.

EL DESAFÍO DE HOY

Reflexiona sobre tus actitudes respecto a la autoridad sobre ti. Si el Señor te muestra algún error en tu corazón, confiésalo y pide perdón, y después pídele al Señor que te ayude a enseñarles a tus hijos a respetar toda autoridad, incluida la tuya.

___ Haz una marca aquí cuando hayas completado el desafío de hoy.

¿Qué te reveló el Señor y cuál fue tu respuesta?

_____

_____

_____

_____

_____

_____

_____

_____

_____

_____

_____

... *no hay autoridad sino de Dios, y las que existen, por Dios son constituidas.*
(Romanos 13:1)

DÍA 23
El amor intercede

… mi casa será llamada casa de oración… (Isaías 56:7)

Cuanto más crecen los hijos, más impredecibles se vuelven sus vidas. Cada vez hay más oportunidades para los deslices y las desilusiones. Más posibilidades de que las personas equivocadas les susurren pensamientos subversivos al oído. Más maneras en que sus decisiones pueden volverse en su contra. Sin importar cuán inteligente o sabio seas, tus hijos igual están expuestos a circunstancias y sorpresas más allá de tu alcance. No siempre podrás protegerlos o controlar lo que suceda a su alrededor.

No obstante, el amor tiene una estrategia de batalla y un plan de respaldo estelares.

Se trata de la ORACIÓN.

Dios entiende y ama a tus hijos más que tú. Puede verlos cuando no los ves. Puede ir con ellos, cuidarlos y guiarlos cuando tú no puedes. Y te invita a dejarlos en Sus brazos amorosos, junto con cualquier otra inquietud.

Su Palabra nos dice…

«… derramad vuestro corazón delante de Él…» (Sal. 62:8)

«Pedid, y se os dará…» (Mat. 7:7).

«Pues si vosotros, siendo malos, sabéis dar buenas dádivas a vuestros hijos, ¿cuánto más vuestro Padre que está en los cielos dará cosas buenas a los que le piden?» (Mat. 7:11).

¡Qué Dios tan glorioso y misericordioso! No solo nos invita a la sala del trono, sino que espera que oremos. En cualquier momento y sobre cualquier motivo (1 Tes. 5:16-18). No hay nada más poderoso que puedas hacer por el bien de tus hijos que ponerte de rodillas y orar con sinceridad por ellos.

No obstante, la oración no es una mera reacción frente a la crisis actual de nuestros hijos; es una oportunidad de hablar con Dios en forma habitual sobre cada área de sus vidas. De nuestros labios a Sus oídos, deberíamos orar *por* ellos, *con* ellos y *alrededor de* ellos a menudo.

Dios no es nuestro sirviente, pero con amor, permite que la oración lo conmueva y cambie las cosas. Considera lo siguiente: la oración poderosa y eficaz puede lograr lo que un Dios dispuesto acepta cambiar (Sant. 5:16).

Sin embargo, hay algunas claves para hacerlo bien. La Escritura enseña que para que no haya obstáculo para nuestra oración, debemos conocer a Dios (Juan 14:6), estar a cuentas con Él (Sal. 66:18) y con los demás (Mar. 11:22-26; 1 Ped. 3:7), y tener el corazón limpio, con humildad y fe (Sant. 1:5-8; 4:6). Entonces, en virtud del acceso a Dios que Jesucristo consiguió para nosotros mediante Su sacrificio en la cruz, podemos acercarnos «con confianza al trono de la gracia para que recibamos misericordia, y hallemos gracia para la ayuda oportuna» (Heb. 4:16).

Al unir nuestros corazones con Él en oración y mantener nuestros pensamientos y deseos en coincidencia con los Suyos, nos ubicamos en la posición de lograr más beneficios por nuestros hijos que con cualquier otra cosa que hagamos en la Tierra (Juan 15:7).

Al orar, obtenemos discernimiento y sabiduría divinos sobre la vida y las necesidades de nuestros hijos. Con amor, podemos pedir que el Señor los proteja y les provea lo que necesiten, que los prospere y los bendiga, los guarde y los guíe. Nuestra intercesión nos permite pararnos en la brecha frente al mal y la tentación, y pedirle a Dios que los salve y los fortalezca. En oración, podemos unirnos a Él en la batalla (Ef. 6:10-19) contra las fuerzas espirituales que podrían «robar y matar y destruir» sus sueños y su futuro (Juan 10:10).

Pero la oración no solo los defiende, sino que también tiene un impacto positivo sobre sus vidas. Más eficaz que nuestra insistencia, la oración habitual en el hogar los atrae más a Dios, mientras que quita su atención de los problemas y la dirige a

Aquel que tiene todas las respuestas. Tus palabras de gratitud a Dios les recordarán Su fidelidad. Entonces, cuando Dios responda tus pedidos, tus hijos podrán ver de primera mano Su obra.

Orar junto con nuestros hijos los lleva a respetar a Dios, pero también a la esperanza y la seguridad de que puede proveer todo lo que necesitan para vivir para Él.

Si no sabes por qué orar, considera qué te preocupa. Tus inquietudes son simplemente cargas que llevas con tus propias fuerzas y que todavía no has dejado completamente en manos de Dios (Fil. 4:6-7).

«Humillaos, pues, bajo la poderosa mano de Dios, para que Él os exalte a su debido tiempo, echando toda vuestra ansiedad sobre Él, porque Él tiene cuidado de vosotros» (1 Ped. 5:6-7).

Si un versículo bíblico parece saltar de la página mientras lees, incorpóralo a tu estrategia de oración por cada uno de tus hijos. Personalízalo a tus necesidades. Los ruegos más específicos obtienen respuestas más específicas. Si deseas grandes cosas, pídelas. Lanza la bola a la cancha de Dios y observa cómo responde. Pero no dejes que todo fracase simplemente porque descuidaste orar y pedir (Sant. 4:2).

La oración es un idioma de amor. Tendríamos que hablarlo con la misma naturalidad con que respiramos. Con la misma regularidad con que llevamos a nuestros hijos a la escuela o les preguntamos cómo estuvo su día, podemos enfrentar cualquier problema que surja en sus vidas poniéndolo en oración.

Así que, enséñales a ser sabios y cuidadosos, pero confíaselos al que tiene el éxito y la seguridad de ellos en Sus manos omnipotentes (Sal. 127:1-2). La oración deja que el amor te eleve a nuevas alturas, para que tu corazón pueda descansar bajo la sombra del Omnipotente.

Mira las secciones del apéndice III y IV sobre la oración al final del libro. Usa algunos de los elementos enumerados en «Cómo orar por tus hijos» (pág. 208) como plataforma para empezar a orar por ellos. Después de hablar con Dios a favor de tus hijos, dile a cada uno por qué situación particular de su vida estás orando en este momento.

__ Haz una marca aquí cuando hayas completado el desafío de hoy.

¿En qué áreas te guió el Señor a orar por tus hijos?

_____

_____

_____

_____

_____

_____

_____

_____

Y esta es la confianza que tenemos delante de Él, que si pedimos cualquier cosa conforme a su voluntad, Él nos oye. (1 Juan 5:14)

Día 24
El amor perdona

Porque si perdonáis a los hombres sus transgresiones,
también vuestro Padre celestial os perdonará a vosotros.
(Mateo 6:14)

Mientras haya pies embarrados, rivalidad entre hermanos y diversos usos para los muebles de la sala, los padres siempre tendrán oportunidades para practicar el arte del perdón.

Pero de no ser por el amor, usaremos estas ocasiones para otras cosas, como demostrar nuestro volumen vocal, declarar la cercanía de nuestro martirio y recopilar recuerdos dolorosos. En lugar de dejar que nuestros hijos experimenten lo que es recibir perdón, les daremos la impresión de que el amor solo alcanza hasta que se queda sin combustible y ya no puede seguir adelante.

Demasiadas veces, nos concentramos en impartir justicia. Somos implacables o arrojamos a nuestro hijo en una prisión de nuestro propio enojo. Y aunque es nuestra tarea enseñarles que sus acciones tienen consecuencias, otro propósito igual de invalorable de la crianza es mostrarles que «el amor cubre multitud de pecados» (1 Ped. 4:8).

Cuando disciplinamos a nuestros hijos, la estrategia final no es solo obligarlos a admitir su culpa, sino mirarlos a los ojos con ese amor que restaura y asegurarles que los perdonaremos por traicionar nuestra confianza o romper nuestras reglas… otra vez. Nos apena lo que han hecho, pero aun así, los amamos y decidimos liberarlos; no del castigo o la pérdida temporal de un privilegio, sino del enojo y la tensión persistentes entre nosotros. Después de una ruptura dolorosa, tenemos que dar el primer paso para restaurar la relación.

Así resiste el amor. Recuerda las palabras de Jesús: «Bienaventurados los misericordiosos, pues ellos recibirán

misericordia» (Mat. 5:7,9). El amor sabe que el día que dejemos de perdonar, envenenaremos nuestro propio corazón con
amargura y arrojaremos la relación con nuestros hijos en un
descenso vertiginoso hacia el enojo y la separación constantes.
También sabe que el amor verdadero y la falta de perdón no
pueden coexistir mucho tiempo en el mismo corazón o en el
mismo hogar. Uno siempre obligará al otro a salir.

El amor sabe cómo ponerse una armadura sólida que es
difícil de traspasar con ofensas, y nos da la sabiduría para confrontar las transgresiones del otro con gracia. Está dispuesto a
obrar para recuperar la presencia de todos. Y sabe que la vida
es demasiado corta como para dejar que el pasado envenene la
comunión del futuro.

Cuando alguien se niega a perdonar, brota la amargura,
se endurecen los corazones y los sentimientos afectuosos de
ternura se desvanecen a un segundo plano. Así que, el amor nos
recuerda que dejemos de lado el enojo, extendamos la mano
y restauremos. Tenemos que perdonar a nuestros hijos como
fuimos perdonados (Ef. 4:32; Mat. 18:22).

Pero esta no es la única manera en que nuestro perdón
puede dejar huella en el corazón de nuestros hijos. Ellos saben,
por ejemplo, cuándo mamá y papá no se llevan bien. Observan
cómo resuelven los problemas y de qué se trata la clemencia en
el matrimonio. Alcanzan a oírte hablar sobre tus compañeros
de trabajo, vecinos disfuncionales y personas que te compli-
can la vida. Descubren la epopeya de tus parientes en cuanto a
quién le hizo qué a quién y por qué evitas ver a ciertas personas
durante las fiestas.

Tus hijos ven y aprenden. Y descubren cómo deberían
plantarse en su propia opinión y encontrar una razón para
seguir amargados o cómo extender la gracia amorosa que Dios
nos muestra a nosotros, superando los obstáculos más difíciles
con perdón y conciliación.

¿Qué sucedería si tus hijos siempre te vieran abordar
los accidentes relacionales con un amor implacable? ¿Y si te

observaran ponerle fin a cada gélido punto muerto con tu cónyuge al pedir perdón o demostrar paciencia y compasión sinceras?

Entonces, verían claramente el poder del amor en acción. Aprenderían uno de los mayores secretos para las amistades duraderas y los matrimonios exitosos. Sabrían que cuando los miras a los ojos y afirmas: «Te perdono», lo dices en serio. Y aunque el tema de su ofensa infantil volviera a surgir durante una conversación, lo haría a modo de instrucción, no como combustible para una pelea o un rebrote de enojo pasado.

Es cierto, el perdón es mejor si el otro se arrepiente (Luc. 17:3). Es saludable y bueno para todos; la maravillosa esperanza y la restauración completa. Pero sin importar lo que hagan los demás, Jesús dijo que nuestro perdón tiene que ser incondicional (Mar. 11:25-26) y sin límite (Mat. 18:21-22), sabiendo que esto siempre impactará nuestra vida espiritual (Mat. 6:14-15). Igual podemos perdonar, sabiendo que Dios es el verdadero juez y vengador de todo (Rom. 12:19), y que cualquier raíz de amargura que permitamos que permanezca en nuestro corazón podrá infectarse, contaminar y envenenarnos (Heb. 12:15).

El perdón no siempre es dulce y suave. Puede ser sumamente difícil. Pero cuanto más se practica y se transforma en un reflejo, más fácil y más automático se hace.

Cuando perdonas a tu hijo por sus errores (tanto los intrascendentes como los más importantes), le trasmites un ejemplo increíble que un día también aplicará a cientos de otras relaciones. Incluso estás contribuyendo a las vidas de tus futuros nietos, quienes probablemente crezcan sabiendo que siempre habrá un lugar para ellos dentro del corazón de sus padres y de su hogar, no importa qué suceda... tal como tu amor se lo demostró a tus hijos.

EL DESAFÍO DE HOY

EXAMINA TU CORAZÓN Y FÍJATE SI HAY
ALGÚN ENOJO SIN RESOLVER O ALGO QUE
NO LE HAS PERDONADO A TUS HIJOS (O A
CUALQUIER OTRA PERSONA). ANOTA SUS
NOMBRES Y UNA LISTA QUE DESCRIBA SUS
OFENSAS. ORA POR ELLOS Y PÍDELE A DIOS
QUE TE DÉ EL AMOR Y LA GRACIA PARA
PERDONARLOS. DESPUÉS, TACHA CON TINTA
INDELEBLE LO QUE HICIERON Y REPITE EN
VOZ ALTA: «DECIDO PERDONARTE». ARROJA
EL PAPEL A LA BASURA COMO TESTIMONIO
DE TU PERDÓN Y NUEVA LIBERTAD.

__ Haz una marca aquí cuando hayas completado el desafío
de hoy.

¿Cómo te sientes al haber decidido perdonar? ¿Qué hizo
Dios en tu corazón?

_____

_____

_____

_____

_____

_____

_____

_____

_____

_____

_____

_____

_____

_____

_____

_____

_____

_____

_____

_____

_____

_____

_____

_____

_____

_____

_____

_____

_____

_____

_____

_____

... ¿Quién es éste que hasta perdona pecados? (Lucas 7:49)

Día 25
El amor se hace responsable

El que encubre sus pecados no prosperará, mas el que los confiesa
y los abandona hallará misericordia. (Proverbios 28:13)

La mayoría de los padres sabe cómo enseñarles a sus hijos
a pedir disculpas como corresponde. A mirar a los ojos a su
madre o hermanito, y decir: «Me equivoqué, perdóname». Y
decirlo en serio.

Pero también es importante que, como padres, pongamos
en práctica este discurso cuando *nosotros* nos equivocamos. Una
de las experiencias más poderosas que fortalece el vínculo de
honor mutuo entre padres e hijos es cuando la mamá o el papá
da un paso al frente y le dice a su hijo: «No, yo me equivoqué y
tengo que pedirte perdón. ¿Me perdonarías, por favor?». Puede
parecer algo contraproducente para mantener el respeto de
un hijo. Pero en realidad, es fundamental para conservarlo y
desarrollarlo.

Durante los años de formación, nuestros hijos no suelen
captar con facilidad nuestros errores. Día a día, definimos la
realidad para ellos, y en general, nos representamos con una luz
positiva. Además, nos transformamos en los gurús a quienes re-
curren con sus problemas. Entonces, tienden a ponernos sobre
un pedestal y suponer que hacemos todo bien.

Pero después, tropezamos y caemos. El tiempo revela nuestra humanidad. Nuestros hijos comienzan a sentir las repercusiones de nuestra pecaminosidad e inconsistencia.

A veces, por ejemplo, somos culpables de no planear con
tiempo. Atiborramos el día de cosas y dejamos afuera la única
actividad con la que contaba nuestro hijo. A veces, no tenemos
cuidado. Nos hablan con todo entusiasmo, pero los escuchamos
a medias. Somos olvidadizos o perezosos. Egoístas o irritables.
Desagradecidos. Pecaminosos.

Y allí es donde el amor nos recuerda que no existen los padres perfectos… solo los orgullosos y con pretensiones de superioridad moral que viven en negación, y los humildes y sinceros que se hacen responsables de sus errores. El amor siempre nos invita a mirar a los ojos a nuestros hijos y decirles la verdad sobre nosotros, a abrazar los beneficios del arrepentimiento, reconociendo lo que hicimos y ajustando nuestro proceder.

¿Por qué es importante? Porque el amor sana las heridas. No se esconde detrás de máscaras hipócritas. Está dispuesto a rendir cuentas. Se «alegra con la verdad» (1 Cor. 13:6), y la honestidad es su característica distintiva y preciada.

Todos los padres deben comprender que lo más probable es que, con el tiempo, esté compilándose una lista de sus transgresiones en el corazón de sus hijos. Las faltas que perciben de tu parte. Palabras hirientes. Promesas rotas. Arrebatos de furia. Momentos en los que no has puesto en práctica lo que predicas.

Cuanto más crecen los hijos, más perjudicial puede volverse esta lista para tu manera de criar. El diablo la usará para susurrarles acusaciones contra ti. Cada elemento puede transformarse en una semilla que los ayude a plantar más enojo contra ti. A alejar su corazón de ti. A justificar una futura rebelión. Sin embargo, el amor no «lleva un registro de las ofensas recibidas» (1 Cor. 13:5, NTV), así que debes ayudarlos a tratar esta lista y eliminarla.

Pero primero, debes descubrir qué hay en ella. Simplemente, pregúntales: «¿Estás enojado conmigo por alguna razón? ¿Te herí alguna vez y no te pedí perdón? ¿Alguna vez te hice una promesa que no cumplí? ¿Sientes que he hecho algo mal y nunca hablamos al respecto?».

Prepárate para escribir. Tienes que ayudar a cada uno de tus hijos a solucionar estas cuestiones mediante tu confesión humilde y tu clarificación sincera. Cuando abran el corazón contigo, algunas cosas pueden parecer intrascendentes o fáciles de explicar, pero tómalas en serio. En lugar de discutir por detalles, comienza agradeciéndoles su franqueza y pide perdón con sinceridad por lo que hayan mencionado y sepas que tal vez no hiciste lo correcto o no demostraste amor.

Solo toma unos segundos decir «lo siento» con sinceridad y pedirles perdón a tus hijos, pero esto puede volver a unir sus corazones y transformar la relación con ellos en el futuro.

La confesión requiere *valentía*. Enfrenta los problemas sin rodeos. Si los padres no aprenden a amigarse con la verdad en estas situaciones, esta se transformará en su peor enemiga. Tenemos que ayudar a nuestros hijos a mantenerse libres de amargura en nuestra contra, al hacernos responsables de haberlos herido.

En segundo lugar, debemos *concretar* nuestras confesiones. Tenemos que comprometernos a ser ejemplos de una vida acorde con nuestras palabras, no solo hasta que la temperatura en la casa descienda, sino con una dependencia constante de Dios en oración. No solo confesamos; cambiamos.

Por último, debemos tener cuidado de *clarificar* cualquier situación que hayan mencionado y donde en realidad no hayamos estado errados. Esto los ayudará a disipar cualquier duda y preocupación que hayan estado albergando en nuestra contra.

Un padre sabio debe volver a alinear las expectativas con la realidad. Nunca está de más decir: «De veras quiero ser un buen padre, pero cometo muchos errores. Necesito el perdón de Dios todos los días y también el tuyo. Si alguna vez sientes que te he lastimado de alguna manera, por favor, dímelo para que podamos hablarlo».

Al aprender a perdonarnos, nuestros hijos desarrollarán el hábito de la misericordia. De esta manera, los ayudamos a aprender de primera mano cómo sostener en sus manos vínculos importantes, aunque tensos, y aun así, mantenerlos a salvo. Eso es perdón: la edición de mejoras para el hogar.

EL DESAFÍO DE HOY

PÍDELE A DIOS QUE TE AYUDE A SER UN
EJEMPLO DE AMOR RESPONSABLE PARA TUS
HIJOS. UTILIZA LAS PREGUNTAS DE ESTE
CAPÍTULO, Y PREGÚNTALE A CADA UNO DE
ELLOS SI LO HAS HERIDO U OFENDIDO DE
ALGUNA MANERA. PREPÁRATE PARA ESCUCHAR
Y PEDIR PERDÓN CON HUMILDAD POR TODA
COSA EN LA QUE TE HAYAS EQUIVOCADO, O
PARA ACLARAR CUALQUIER MALENTENDIDO.
PÍDELE QUE TE PERDONE Y AGRADÉCELE POR
SU SINCERIDAD Y COMPASIÓN.

__ Haz una marca aquí cuando hayas completado el desafío
de hoy.

¿Qué pasó cuando hablaste con tus hijos? ¿Qué ocurrió que
no esperabas? ¿Cómo respondiste? ¿Cómo respondieron ellos?

_____

_____

_____

_____

_____

_____

_____

Te manifesté mi pecado, y no encubrí mi iniquidad... (Salmo 32:5)

DÍA 26
El amor es Jesucristo

En esto se manifestó el amor de Dios en nosotros: en
que Dios ha enviado a su Hijo unigénito al mundo
para que vivamos por medio de Él.
(1 Juan 4:9)

De todas las cosas que el amor nos lleva a hacer como padres, nada es más importante que guiar el corazón de nuestros hijos a una relación real y viva con Dios. ¡Nada! No podemos decir que les hemos dado todo lo que podemos hasta que les hayamos presentado el amor más grande de todos y mostrado cómo Jesucristo puede darles paz verdadera con Dios.

Quizás no conozcas a Dios en forma personal. Tal vez no hayas encontrado Su perdón ni aceptado el sacrificio amoroso de Cristo por ti en la cruz ni tampoco le hayas confiado tu vida. Si esto es verdad, no es un accidente que estés leyendo esto.

En lo más profundo de nuestro amor por nuestros hijos hay un deseo de comprender y enseñarles lo más importante en la vida. Y cuando todo lo demás desaparece, algo permanece como lo más importante: Dios nos creó a nosotros y a nuestros hijos con un propósito eterno en mente: transformarnos en Sus hijos, conocer Su amor, honrarlo con nuestras vidas y pasar la eternidad junto a Él (Juan 3:16).

Por eso vino el Hijo de Dios a la Tierra como un recién nacido. Fue «nacido de mujer, nacido bajo la ley, a fin de que redimiera a los que estaban bajo la ley, para que recibiéramos la adopción de hijos» (Gál. 4:4-5), para «librar a los que por el temor a la muerte, estaban sujetos a esclavitud durante toda la vida» (Heb. 2:15).

Sin duda, alguna vez te sentiste esclavo del pecado y probaste el temor a la muerte. Todos sabemos que somos imperfectos. No tenemos todas las respuestas. Sabemos que algún día moriremos. Solo Dios conoce los misterios que yacen más allá de la tumba, y nos promete que nos juzgará allí por lo que hicimos en la Tierra (Rom. 14:10-12).

Como afirma la Biblia: «Habiendo pasado por alto los tiempos de ignorancia, Dios declara ahora a todos los hombres, en todas partes, que se arrepientan, porque Él ha establecido un día en el cual juzgará al mundo en justicia» (Hech. 17:30-31).

Descansa tranquilo al saber que tú y tus hijos pueden experimentar una libertad eterna de la culpa, el temor, la desesperanza y la vergüenza. Tal vez te esmeras en formar a tus hijos desde el exterior, pero Dios puede bendecirlos, transformarlos y vigorizarlos con Su amor y poder desde el interior.

Solo una verdad lleva a esta seguridad: hace más de 2000 años, un hombre llamado Jesús de Nazaret, el Hijo de Dios, caminó con perfección humana y estuvo dispuesto a derramar Su sangre por nosotros. La Biblia explica que Su nacimiento fue único, Su vida cumplió cientos de profecías, Su enseñanza reveló verdad eterna, Su amor fue insuperable, y Su sacrificio en la cruz fue perfecto y completo. Vino a aceptar el castigo que merecíamos, y pagó el precio que nosotros debíamos a un Dios justo, para quitar nuestra culpa.

Gracias a Cristo, Dios nos invita a nosotros y a nuestros hijos a apartarnos de nuestros pecados, invocar el nombre de Jesús y poner nuestra fe en Él (Rom. 10:13). Puedes confesar «con tu boca a Jesús por Señor, y [creer] en tu corazón que Dios le resucitó de entre los muertos» (Rom. 10:9). Al abrirle el corazón, Su promesa para ti es tan sencilla como profunda y segura: «Serás salvo». Y esto viene con una promesa de por vida: «Todo el que confíe en él no será jamás defraudado» (Rom. 10:11, NVI). Recibes perdón inmerecido. Paz y esperanza reales. Una relación con Dios y vida eterna ahora mismo, que seguirán después de la muerte y la tumba.

Así es el amor de Dios por ti.

Así ama a tus hijos.

No es necesario que comprendas todo sobre Dios para que acudas a Él y confíes en Su nombre. No hace falta que sepas todo para hablarles a tus hijos de Su amor. El Señor los ha amado desde «antes de la fundación del mundo» (Ef. 1:4), pero en Su amor, te invita *a ti* a colaborar con Él en cada paso de la vida de tus hijos.

No hay que presionar a los hijos a tomar ninguna clase de decisión espiritual si no están listos. Apurarlos solo les genera rechazo en lugar de desear abrazar la fe y vivirla. Así que, los padres deberían concentrarse en ser un ejemplo del amor de Dios por sus hijos, orar por su salvación y plantar con paciencia semillas de verdad sobre Jesús en sus corazones. En algún momento, Dios puede ayudarlos a comprender que son imperfectos y pecaminosos, y que necesitan el perdón de Dios.

Cuando toque sus corazones, Dios abrirá puertas para que conversen y te dará el privilegio de mostrarles cómo acudir a Él y poner el corazón en Sus manos. En ese momento, Él pondrá Su Espíritu en ellos. Es una de las alegrías más grandes de la vida y una de las mayores prioridades de la crianza.

Cuando tus hijos confíen en Él y comiencen a crecer en la fe, puedes proponerte mostrarles cómo el andar con Jesús podrá bendecir todos los aspectos de su vida. Lo que Cristo haga en el corazón de ellos los guiará, los fortalecerá y los restaurará para que tengan una vida abundante de gozo y significado.

Lo que más necesitan sus corazones es a Jesús. Ayudarlos a conocerlo y seguirlo cada día debería ser una prioridad en tus oraciones y tu aliento amoroso.

Pregúntate si has confiado de verdad en Cristo como Salvador y Señor. Si es así, agradécele por Su valioso regalo. Si no, puedes resolver esta cuestión hoy mismo, alejándote de tu pecado y pidiéndole Su perdón y Su salvación. Después, habla con tus hijos sobre la verdad de Dios y tu historia.

__ Haz una marca aquí cuando hayas completado el desafío de hoy.

¿En dónde estás en tu caminar de fe? ¿Dónde se encuentran tus hijos? ¿Alguna vez les hablaste en detalle de tu travesía de fe? Si no estás seguro de tu salvación, considera leer el libro breve de 1 Juan, en la parte final de tu Biblia, para obtener claridad y seguridad.

Para leer más sobre cómo entender, experimentar y compartir la salvación de Dios con tus hijos, ve a la página 214 en el Apéndice V:
«¿Cómo puedo hallar paz con Dios?».

Tú, pues, hijo mío, fortalécete en la gracia que hay en Cristo Jesús.
(2 Timoteo 2:1)

DÍA 27
El amor se satisface en Dios

Porque Él ha saciado al alma sedienta, y ha llenado
de bienes al alma hambrienta.
(Salmo 107:9)

Dios no nos dio hijos para perdernos en ellos y usarlos
como nuestra nueva fuente de identidad y significado. Tampoco quiso que se los entregáramos a otros mientras nosotros
buscamos realizarnos en otra parte.

Dios mismo quiere ser nuestra principal fuente de satisfacción. Solo Dios puede llenar el vacío que dejan en nosotros
nuestro egoísmo y nuestra naturaleza caída.

La gente suele pensar que si tuviera más dinero, placer o
poder, sería más feliz. El rey Salomón obtuvo las tres cosas en
gran medida, y descubrió que «todo era vanidad y correr tras el
viento» (Ecl. 2:1-25). Al final, llegó a la conclusión de que, como
al fin y al cabo, todas las cosas buenas vienen de la mano de
Dios, «¿quién comerá y quién se alegrará sin Él?» (v. 25).

No obstante, cuando nos sentimos insatisfechos, solemos
pensar que la felicidad se encuentra en algo que deseamos y
no tenemos. No vemos que Dios no creó nada en la Tierra que
pueda satisfacernos más que Él… ni siquiera nuestros hijos. Él
formó los anhelos en nuestro interior para que lo buscáramos y
nos llenáramos de Su provisión celestial (Fil. 4:19). El amor, el
gozo y la paz verdaderos solo se encuentran en Él (Gál. 5:22).

La Biblia revela que cuando buscamos satisfacción en este
mundo, no la encontramos y perdemos la oportunidad de conocer a Dios. Pero cuando encontramos nuestra suficiencia en el
Señor, no solo lo hallamos a Él, sino que también obtenemos
verdadero gozo como un beneficio extra. El salmista proclamó:
«Pon tu delicia en el Señor, y Él te dará las peticiones de tu
corazón» (Sal. 37:4). Cuando tu mayor prioridad es buscar a

Dios y amarlo, Él promete llenar tu corazón exactamente de lo que necesitas y anhelas.

Todos en tu casa se beneficiarán de tener un padre que disfrute a pleno de su relación con Dios. Cuando comienzas a entregar el control y dejar que Dios te llene de Su amor, con un propósito renovado y una conciencia en paz, el gozo que reboza dentro de ti comienza a derramarse sobre tu familia también.

Por eso, no fue inapropiado que Jesús afirmara: «El que ama al hijo o a la hija más que a mí, no es digno de mí» (Mat. 10:37). Por más ilógica que parezca esta afirmación, tus hijos de verdad *no deberían* estar primero en la jerarquía de la vida. Tu cónyuge tampoco; ni siquiera tú mismo.

Uno de los mayores desafíos del amor parental es conectar todas tus pasiones al canal de la comunión con Dios, y después, observar cómo Él te da el poder y multiplica lo que tu amor puede lograr en la vida de tus hijos… mucho más de lo que tú podrías llegar a hacer jamás. Amar a Dios primero te permitirá amar a tus hijos aun más.

Por eso, puede decirse que: *Vivir en una comunión satisfactoria con Él es el verdadero secreto de la crianza dinámica.*

No significa que debas ser indiferente a las necesidades de tus hijos. Pero al mantenerte conectado a Dios en oración cada día y buscarlo como fuente de sabiduría y fortaleza, Él desarrollará en tu corazón sensibilidad a las necesidades más importantes de ellos.

Su Espíritu Santo derramará constantemente el amor de Dios en tu corazón (Rom. 5:1-5). Te dará paz para sostenerte en circunstancias inciertas, cuando tu propia fuerza de voluntad no alcanzaría. Te dará un gozo que trasciende cualquier situación, sin importar cuán terrible sea.

Es lo maravilloso de encontrar satisfacción en Él. Las circunstancias se vuelven irrelevantes, porque Dios nunca cambia. Así que, al disponerte a que Él te llene y te utilice, tus hijos no saldrán perdiendo. Todo lo contrario. Lo que reciban será derramado a través de ti desde el corazón de Dios al de ellos.

A veces, en la vida, tus hijos tal vez necesiten menos de ti. Quizás estés haciendo demasiado por ellos por temor o por un deseo enfermizo de encontrar tu valor en ellos. En otros momentos, tal vez necesiten más de lo que tú puedas darles. Pero en Dios, el Espíritu Santo te preparará constantemente para servirlos de la mejor manera. La Palabra, la sabiduría y la paciencia divinas comenzarán a surgir en ti, gracias a lo que permites que Él coloque en tu interior cada día.

Lea, la esposa de Jacob (Gén. 29:30-35), es un ejemplo de alguien que esperaba encontrar plena satisfacción en su familia. Como su esposo no la amaba, supuso que al tener hijos, se ganaría su corazón. Le dio tres hijos, y les puso nombres que reflejaban su anhelo de satisfacción y seguridad. Pero con el tiempo, descubrió que ninguna persona podía llevar el peso de sus profundas necesidades emocionales y espirituales. Cuando nació su cuarto hijo, simplemente declaró: «Esta vez alabaré al Señor» (v. 35). Terminó su búsqueda en donde debe comenzar la nuestra: en amar a Dios.

Cuando nos sentimos insatisfechos, tenemos que elevar el corazón a Dios. Y como Su abundancia inmensa e interminable puede saciar «el deseo de todo ser viviente» (Sal. 145:16), no necesitamos preocuparnos ni un segundo de que no alcance su provisión.

«En tu presencia hay plenitud de gozo», escribió el rey David en adoración al Señor. «En tu diestra, deleites para siempre» (Sal. 16:11). Puedes disfrutar de Dios como tu fuente diaria. Para todo lo que necesitas.

EL DESAFÍO DE HOY

PASA TIEMPO A SOLAS CON DIOS, LEYENDO LAS
PALABRAS DE JESÚS EN MATEO 11:28-30. EN
LUGAR DE PETICIONES DE RUTINA, PREGUNTA
CÓMO PUEDES ACUDIR A ÉL TODOS LOS DÍAS Y
ENCONTRAR DESCANSO PARA TU ALMA. ABRE
EL CORAZÓN Y PÍDELE AL SEÑOR QUE TE LLENE
CON SU AMOR Y SU GOZO, PARA APRENDER
CÓMO ENCONTRAR DELEITE MEDIANTE UN
ANDAR MÁS ÍNTIMO CON ÉL. DALE GRACIAS
POR SU BONDAD Y SU PROVISIÓN PARA TU
VIDA. DISFRUTA DE TU TIEMPO CONCENTRADO
EN ÉL. LUEGO, DEJA QUE TUS HIJOS VEAN LA
DIFERENCIA QUE ESTO PRODUCE EN TI.

__ Haz una marca aquí cuando hayas completado el desafío
de hoy.

¿Qué cambios de actitud en tu vida te ayudarán a encontrar más satisfacción en Dios? ¿Qué quiso mostrarte el Señor?
¿Cómo crees que esto beneficiará a tus hijos?

_____

_____

_____

_____

_____

En Dios solamente espera en silencio mi alma; de Él viene mi salvación.
(Salmo 62:1)

DÍA 28
El amor es la Palabra de Dios

*No lo ocultaremos a sus hijos, sino que contaremos a
la generación venidera las alabanzas del SEÑOR...*
(Salmo 78:4)

John Quincy Adams, el sexto presidente de Estados Unidos, dijo: «Mi veneración por la Biblia es tan grande que, cuanto antes empiecen mis hijos a leerla, más seguro estaré de que serán ciudadanos útiles para su país y miembros respetables de la sociedad».

Todos los padres deberían descubrir esto. Los niños que escuchan las verdades de la Biblia, la leen y la guardan en sus corazones y sus mentes están mucho mejor preparados para la vida. Tienen en su interior el consejo de Dios sobre temas que van desde la honestidad y la justicia hasta la salud y el manejo del dinero. Desde la ética en el ámbito de trabajo hasta el liderazgo como siervo. Comprenden los principios básicos y fundamentales para construir mejores matrimonios, familias, negocios, gobiernos y sociedades. Se vuelven conocedores de la fe, de la naturaleza de Dios y del significado de la historia y la eternidad. Y lo más importante, se acostumbran a escuchar la voz de Dios. Pasar tiempo con la Biblia puede hacer todo esto y más.

No obstante, este curso importante de educación infantil no requiere de padres que sean genios espirituales ni tengan títulos de ningún seminario. Todo comienza con una mamá o un papá que simplemente aman a sus hijos, a Dios y Su Palabra, y que están dispuestos a ayudar a sus hijos a desarrollar un apetito abundante por el festín espiritual que tienen por delante.

Demasiados padres creen que deben tener un plan perfecto antes de abrir la Biblia con sus hijos. Sin embargo, los creyentes no están solos para captar los temas principales de la Escritura.

Si conoces a Cristo, tienes al Espíritu Santo en tu corazón como iluminador de la verdad. «Porque el Espíritu todo lo escudriña, aun las profundidades de Dios» (1 Cor. 2:10). Y gracias a Su lámpara interior, ahora puedes leer, comprender, practicar y compartir las Escrituras.

Dios ama a tus hijos sin medida y se hará responsable de hablarles a través de Su Palabra si te aseguras de que la escuchen permanentemente en la iglesia y en tu hogar. No se trata de capacitación y sabiduría, sino de disposición y amor.

Entonces, comienza allí. No te preocupes. Te alentamos a empezar por Génesis, Proverbios o Mateo, y simplemente hacerlo leyendo un capítulo por vez en voz alta con tu familia durante la mañana, a la hora de comer o antes de irse a dormir.

No hay una fórmula establecida. La Palabra hará la obra porque «es viva y eficaz, y más cortante que cualquier espada de dos filos» (Heb. 4:12). A medida que lean, debatan y oren sobre lo que han leído, tus hijos crecerán espiritualmente... y en forma exponencial.

Esta idea puede parecerte radical o revolucionaria. Tal vez pienses que no tienes tiempo para esto todos los días. Pero te desafiamos a unirte a miles de familias que se han hecho el hábito de leer la Biblia en casa, como una de las partes más importantes de la semana. Puede ser un legado duradero y memorable en la vida de tus hijos. La presencia y el poder de Dios se muestran en forma habitual en las casas y los corazones que eligen honrar Su Palabra.

Esta tarea no es demasiado grande para ti. Es más, estás en el lugar justo y tienes las cualidades necesarias (como nadie más en el mundo) para guiar a tus hijos a través de este tesoro de oro espiritual, día tras día. Abrir tu copia de la Biblia ante ellos es como desplegar una carta de amor y un mapa del tesoro, donde cada página marca otra medida de los caminos y las maravillas eternas de Dios, y donde cada exploración lleva a toda tu familia a un lugar rico y nuevo.

Escuchar los relatos de la Biblia permitirá que tus hijos descubran la moralidad de Moisés, la fe de Abraham, la sabiduría de Salomón, la pasión del rey David y las lecciones de amor de Jesucristo. Por sobre todas las cosas, la soberanía y la providencia de Dios a través de la historia se desplegará en sus corazones con colores vivos y relevantes. Descubrirán que las Escrituras son «deseables más que el oro; sí, más que mucho oro fino, más dulces que la miel y que el destilar del panal» (Sal. 19:10).

Si pudieras sentarte y comunicarle a tu hijo todo lo que sabes, esto le serviría hasta cierto punto. Sin embargo, al colocar todos los días la Palabra ante él, «inspirada por Dios y útil para enseñar, para reprender, para corregir, para instruir en justicia», te aseguras de ayudarlo a llegar a ser «perfecto, equipado para toda buena obra» (2 Tim. 3:16-17).

Entonces, en el futuro, puedes acercarte a tus hijos en cualquier momento de crisis o decisiones y decir con confianza: «Persiste en las cosas que has aprendido y de las cuales te convenciste, sabiendo de quiénes las has aprendido; y que desde la niñez has sabido las Sagradas Escrituras, las cuales te pueden dar la sabiduría que lleva a la salvación» (2 Tim. 3:14-15).

Jesús declaró: «Cualquiera que oye estas palabras mías y las pone en práctica, será semejante a un hombre sabio que edificó su casa sobre la roca; y cayó la lluvia, vinieron los torrentes, soplaron los vientos y azotaron aquella casa; pero no se cayó, porque había sido fundada sobre la roca» (Mat. 7:24-25).

Cuando tu familia está fundada sobre la roca de la Palabra inmutable de Dios, se encuentra preparada, sólida y asegurada para las aventuras y las tormentas de la vida.

EL DESAFÍO DE HOY

SI NO HAN TENIDO UN TIEMPO HABITUAL DE
DEVOCIONALES FAMILIARES, COMPROMÉTETE
A COMENZAR ESTE HÁBITO ESPIRITUAL HOY.
PUEDE SER TAN SIMPLE COMO LEER UN PASAJE
BREVE, UNA HISTORIA O UN CAPÍTULO DE LA
ESCRITURA, PERO QUE SEA UNA AVENTURA
INTERACTIVA Y REGULAR EN TU HOGAR. SI
YA LO HACEN, ORA HOY ESPECÍFICAMENTE
PARA QUE DIOS USE ESTOS MOMENTOS
PARA COMUNICARLES SU VERDAD CON MÁS
CLARIDAD Y PODER A TI Y A TUS HIJOS.

___ Haz una marca aquí cuando hayas completado el desafío
de hoy.

¿Has ayudado a tus hijos a desarrollar un apetito por la Palabra de Dios? ¿La lees en forma habitual? ¿Cuándo es el mejor
momento del día para realizar un devocional en tu hogar? ¿Hay
cosas menos importantes que deberían pasar a un segundo
plano en tu agenda para que puedas tener este tiempo?

_____

_____

_____

_____

_____

_____

_____

_____

_____

_____

_____

_____

_____

_____

_____

_____

_____

_____

_____

_____

_____

_____

_____

_____

_____

_____

_____

_____

_____

_____

Una generación alabará tus obras a otra generación, y anunciará tus hechos poderosos. (Salmo 145:4)

DÍA 29
El amor escucha

… Padre, te doy gracias porque me has oído.
Yo sabía que siempre me oyes…
(Juan 11:41-42)

¿Tus hijos creen que los comprendes de verdad? ¿Estás en sintonía con lo que les preocupa en este momento? ¿Conoces sus esperanzas y temores más profundos? ¿Sienten confianza como para contarte sus secretos?

De todas las cosas que necesitan nuestros hijos, una de las principales es tener momentos habituales donde les prestemos toda nuestra atención. Escucharlos en forma deliberada y sin distracciones les recuerda que son importantes para nosotros.

Así que, la atención parental es un arte invalorable que debemos dominar como mamás y papás amorosos. Aunque en esta era digital, la multitarea es una necesidad, escuchar requiere que hagamos una pausa y concentremos nuestra mente en una sola cosa. Se apaga el televisor y se quitan los auriculares. Nos alejamos de las computadoras y los teléfonos. Las manos descansan, los labios sonríen, los oídos escuchan y las cabezas asienten. A pesar de todas nuestras ocupaciones, el amor debe poder interrumpirnos e invitarnos a entrar en el mundo de nuestros hijos en forma intencional y consistente.

Todos anhelamos experimentar un nivel de amistad íntima con otros… que nos conozcan y nos amen plenamente. La intimidad supone dejar que otra persona vea nuestro interior para conocer los secretos más profundos y oscuros del corazón. Cuando tienen libertad para hacerlo, sin temor a dejar de ser aceptados y amados incluso en esa posición tan vulnerable, se produce una maravillosa experiencia de vínculo. Las personas siempre se sentirán solas si nadie las conoce y las ama por lo que son en esencia.

Muchas veces, los niños pequeños y los adolescentes mantienen las cuestiones más profundas de sus vidas sepultadas y escondidas de sus padres. No se sienten invitados a compartirlas. O tal vez tienen miedo de que los ignoren o los rechacen si expresan sus verdaderos sentimientos, necesidades e inquietudes. Pero como su padre o madre, eres la persona a quien Dios ha puesto para amarlos hasta este punto.

Por eso, tomarte el tiempo para hacer preguntas íntimas y sinceras y escuchar a tu hijo es un componente tan vital para la crianza. Tu oído tierno crea un espacio seguro para que tu hijo desnude su alma.

Como la mayoría de las conversaciones suelen comenzar en un ámbito superficial, los hijos a menudo hablan de cuestiones infantiles o poco importantes al principio: lo que vieron por televisión, lo que alguien hizo en la escuela o sus intereses más recientes e importantes. Si ignoras o desestimas sus palabras en estos terrenos poco profundos, tal vez no sientan que es seguro avanzar contigo. Pero si es importante para ellos, también debería ser importante para ti. Al valorarlos y reafirmarles tu interés y tu amor, estarán más dispuestos a comunicarte sus necesidades, preguntas, esperanzas y temores más profundos.

Ya sea que hables con tus hijos en el auto, por teléfono, o que los abraces junto a su cama, tu tarea es apreciarlos y amarlos con esmero cuando te abran el corazón. Tal vez digan cosas completamente equivocadas. Quizás estén cegados o sensibles. Incluso pueden necesitar represión. Pero si primero les ofreces tu atención absoluta y repites en respuesta lo que te dicen, al menos sabrán que los escuchaste. Si creen que entiendes y te interesa lo que dicen, confiarán más en ti y valorarán tus consejos o inquietudes.

Por el contrario, los adolescentes amargados y rebeldes suelen sentir que sus padres no se toman el tiempo para escucharlos o entenderlos. Como «el buen entendimiento produce favor» (Prov. 13:15), todos los padres deberían iniciar frecuentemente conversaciones seguras con sus hijos para mantener un vínculo sólido con ellos. Es cierto, la energía y el tiempo necesarios para escuchar implican un *sacrificio* de amor, pero la posibilidad de ganar el corazón de nuestro hijo transforma cualquier aparente sacrificio en una inversión sumamente rentable.

A veces, nuestro desafío es lograr que se abran para poder descubrir lo que piensan en realidad. En estos casos, y por más irónico que parezca, escuchar puede implicar hablar más e indagar con delicadeza. No obstante, el amor puede darnos la paciencia necesaria.

«Parece que has estado atravesando muchas cosas difíciles».

«A ver si entiendo bien...».

«Entiendo que eso te haga sentir incómodo».

La mayoría de las veces, cuando el amor escucha, no lleva a cabo una investigación criminal ni una línea de ayuda para emergencias. Tampoco se apura a proporcionar una solución rápida. Escucha y ama. Se preocupa sinceramente y comparte la vida con alguien que valora.

Escuchar también prepara a tus hijos para que un día desarrollen un andar íntimo con Dios en oración. «Me invocaréis, y vendréis a rogarme, y yo os escucharé», dice el Señor (Jer. 29:12). «Si alguno de vosotros se ve falto de sabiduría, que la pida a Dios, el cual da a todos abundantemente y sin reproche, y le será dada» (Sant. 1:5).

Jesús basó Su argumento sobre la oración en la respuesta amorosa de los padres frente a las necesidades de sus hijos. «¿Qué hombre hay entre vosotros que si su hijo le pide pan, le dará una piedra, o si le pide un pescado, le dará una serpiente? Pues si vosotros, siendo malos, sabéis dar buenas dádivas a vuestros hijos, ¿cuánto más vuestro Padre que está en los cielos dará cosas buenas a los que le piden?» (Mat. 7:9-11).

Dios es fiel para escuchar cuando lo buscamos. Así que, cuando nuestros hijos quieran hablar, no les demos señal de ocupado. *¿Lo haremos?* Nuestros hijos deberían poder vivir con la seguridad de nuestro amor.

EL DESAFÍO DE HOY

LLEVA A CADA UNO DE TUS HIJOS A
COMER SOLO CONTIGO. PLANEA PASAR LA
MAYOR PARTE DEL TIEMPO ESCUCHANDO.
PREGÚNTALE ACERCA DE SUS ESPERANZAS, SUS
SUEÑOS, SUS INQUIETUDES Y SUS OBJETIVOS.
RECUERDA AYUDARLO A SENTIRSE SEGURO Y
BUSCAR UNA SENSACIÓN DE COMPRENSIÓN
MUTUA. APUNTA AL CORAZÓN.

__ Haz una marca aquí cuando hayas completado el desafío
de hoy.

¿Adónde los llevaste y qué descubriste? ¿Fue una experiencia
incómoda o agradable? ¿Qué dice esto sobre la intimidad de la
relación entre ustedes? ¿Qué más puedes hacer para fortalecerla?

Pero ciertamente Dios me ha oído; Él atendió a la voz de mi oración. (Salmo 66:19)

Día 30
El amor pastorea los corazones

Como un pastor que cuida su rebaño, recoge los
corderos en sus brazos; los lleva junto a su pecho.
(Isaías 40:11, NVI)

¿Qué hace el amor cuando sucede algo malo?

Por desgracia, la vida está llena de desilusiones. Nos gustaría que todo fuera columpios, muñecos de nieve y veranos junto a la piscina. Pero a veces, los hijos pueden enfermarse en forma inesperada. Una lesión imprevista puede dejarlos fuera de la temporada de deportes. Sus tíos pueden divorciarse.

¿Qué hace el amor en esa situación? Cuando se muere una abuela. Cuando su mejor amigo traiciona su confianza. Cuando no los eligen en una audición. Cuando alguien del sexo opuesto les rompe el corazón. ¿Cómo responde el amor?

Ser un buen padre puede significar ayudar a nuestros hijos a cambiar sus expectativas, y pensar con anticipación cuando ellos no lo hacen. El amor se propone cuidar sus corazones, no solo lavar sus heridas. Se asegura de que Dios pueda usar estos inoportunos cambios externos para fortalecerlos por dentro, preparándolos para vidas de resistencia y gracia.

El modelo bíblico para un liderazgo fuerte es el del pastor amoroso. Un modelo de provisión y supervisión constantes, un manejo diario de las necesidades físicas del rebaño. Es una tarea de cuidado tierno y rescate heroico a la vez, de darse cuenta cuándo las ovejas están en aprietos y de escudriñar el perímetro para estar alerta de ataques de predadores.

Como pastores de nuestro hogar, los padres llevamos pan a la mesa y calcetines limpios al cajón superior. Pero mucho más importante que eso, guardamos y pastoreamos el corazón de nuestros hijos. Y sus corazones nunca son más vulnerables (o aptos para la enseñanza) que cuando las desilusiones crueles, perturbadoras e indeseables de la vida los dañan o los desafían.

Los padres amorosos están siempre disponibles para estas emergencias. Se mantienen en óptimo estado espiritual y sensibles en lo emocional. Piensan con anticipación. Aunque todo vaya bien, quieren estar preparados para infundir vigorizante sabiduría divina cuando más se necesite. En lugar de confiar solamente en la oración de emergencia, se preparan ellos y a sus hijos, y buscan conocer la Palabra y el corazón de Dios todo el tiempo. Se abastecen de antemano de provisiones bíblicas y las mantienen a la mano para aplicarlas directamente en cualquier crisis en la vida de los hijos.

Así que, si perdemos un ser querido en un accidente, por la vejez o por alguna enfermedad, el amor toma en sus brazos a nuestros hijos y los dirige a la Palabra, donde Dios promete acompañarnos «por el valle de sombra de muerte» (Sal. 23:4). Les recordamos que Él siempre está con nosotros y nos consuela.

Cuando un compañero acusa injustamente a nuestros hijos o los maltrata, el padre que pastorea se anticipa, sabiendo que el hijo se verá tentado a vengarse o se sentirá inseguro y con dudas sobre sí mismo. Entonces, los ayudamos a elaborar y pensar las mejores respuestas para cada dinámica que enfrenten... la confusión, el enojo. Les enseñamos sobre la importancia de la oración, así como de la liberación del perdón, y los ayudamos a evitar los «verdugos» de la amargura, el agravio y la crueldad (Mat. 18:34). Les mostramos cómo confrontar con amor, si es necesario. Como resultado, los ayudamos a ser más fuertes.

El amor les muestra cómo enfrentar sus temores al exponer las mentiras, confrontar las sombras y acudir a la «torre fuerte» del nombre del Señor. «A ella corre el justo», afirma la Biblia, «y está a salvo» (Prov. 18:10).

El amor les muestra cómo reaccionar frente al fracaso, el sufrimiento y la desilusión, y confiar que «para los que aman a Dios, todas las cosas cooperan para bien, esto es, para los que son llamados conforme a su propósito» (Rom. 8:28).

El amor incluso los ayuda a estar contentos a pesar de no comprender cómo pudo ser que algunas cosas sucedieran. Preguntas sin respuestas. Mientras Dios esté al tanto y ya haya pensado en lo que necesitan, pueden descansar en que saldrán adelante. Pueden confiar en Él.

A veces, el amor los envuelve con nuestra compasión afligida. Otras, debe decirles que mantengan la frente en alto y se compongan para volver a la batalla y dejar que la aprobación de Dios los defienda. «El SEÑOR está a mi favor; no temeré. ¿Qué puede hacerme el hombre?» (Sal. 118:6)

De esto se trata pastorear como padres.

Así guiamos y dirigimos el corazón de nuestros hijos.

El padre (a menudo, el más responsable de guardar, proteger y preparar el corazón de los hijos) suele ser el primero en distanciarse cuando surgen estas situaciones difíciles. Quiere volver a trabajar y dejarle las cuestiones sensibles a su esposa, o suponer que sus hijos son lo suficientemente fuertes como para manejar sus problemas sin ayuda directa. No obstante, como hombres, tenemos que dar un paso al frente cuando sea necesario. La Biblia habla muchas veces de lo que les sucede a las ovejas sin pastor. Se dispersan y quedan errantes. Son blancos fáciles, y se dejan seducir por las mentiras y el error.

Nuestro modelo es Jesús, el «buen pastor», que «da su vida por las ovejas» (Juan 10:11), para que ni una de ellas sea arrebatada ni quede sola.

Es cierto, la vida es difícil. Pero el amor es más fuerte. Más sólido. Más sabio. Puede preparar a nuestros hijos para cualquier cosa, y enseñarles a responder con gracia y valentía en todo momento.

USA JUAN 16:32-33 Y ROMANOS 8:28-39 PARA
HABLAR HOY CON TUS HIJOS SOBRE LO
QUE DEBERÍAN RECORDAR Y CÓMO TIENEN
QUE REACCIONAR DURANTE LOS TIEMPOS
DIFÍCILES. SI HA HABIDO UNA CRISIS
RECIENTE, HABLA CON ELLOS, ALIÉNTALOS Y
ORA POR ELLOS.

__ Haz una marca aquí cuando hayas completado el desafío
de hoy.

¿De qué hablaste con tus hijos y cómo lo recibieron?

_____

_____

_____

_____

_____

_____

_____

_____

_____

_____

_____

... *para que sean alentados sus corazones, y unidos en amor.* (Colosenses 2:2)

Día 31
El amor influencia

Donde no hay buen consejo, el pueblo cae, pero en la abundancia de consejeros está la victoria. (Proverbios 11:14)

En la crianza de los hijos, los padres no podemos ser la fuente de todas las necesidades. Por más conocimiento que tengamos, nuestra influencia siempre necesitará notas distintas a las que cantamos con nuestro registro.

Por eso, uno de los proyectos más audaces y con visión de futuro que construye el amor para nuestros hijos es una red sólida de influencias que pueden ayudarnos a guiarlos por un camino seguro en la vida.

Comienza en nuestros hogares, al decidir qué ventanas abrir al mundo y cómo utilizarlas mejor para desarrollar las mentes y los corazones de nuestros hijos.

Una herramienta a veces descuidada es la de dirigir a nuestros hijos hacia buena literatura. Leer, tanto solos o como familia, biografías de cristianos y obras maestras clásicas puede disparar la imaginación de nuestros hijos e inspirarlos a imitar a los héroes de la ficción y la vida real. Gracia. Honor. Valentía. Carácter. Avivar su sed de descubrimiento y enseñarles a amar la lectura será una inversión para toda la vida, que valdrá todo el tiempo y el dinero dedicados.

Nuestras elecciones musicales también pueden consolidar en nuestros hijos el gusto por la verdadera belleza y la adoración. En lugar de dejar en manos de sus amigos la decisión de qué música tiene que gustarles, como padres, deberíamos mantener nuestros hogares llenos de canciones alegres y edificantes que los lleven a Dios y los inspiren a confiar en Él todo el día. El libro de los Salmos está lleno de canciones de alabanza, trasmitidas de generación en generación para ayudar a las familias a adorar y conocer íntimamente a Dios.

También es bueno que los padres armen una red de oración intercesora para rodear a sus hijos toda la vida. ¿A quién conoces que pueda ayudarte a orar en forma habitual por tus hijos?

Además, necesitan ver en práctica las enseñanzas y los principios de la Biblia en sus hogares. Tenemos que leerles la Palabra y enseñarles a estudiarla por su cuenta.

Necesitan que tengamos cuidado de lo que se considera diversión en la casa, para que el mal no se disfrace de entretenimiento familiar, la fantasía no reemplace la realidad y la pérdida de tiempo no se transforme en su pasatiempo favorito. Las buenas películas, los sitios positivos en Internet y las actividades edificantes tienen que reemplazar a las venenosas, vanas e insensatas.

Pero más allá de lo que suceda dentro de las paredes de nuestro hogar, necesitamos personas de confianza que nos ayuden a realizar el trabajo pesado y a moldear sus corazones. Como una junta de directores, deberíamos darles autorización a personas clave para que les hablen a nuestros hijos y les comuniquen los beneficios de la sabiduría que han adquirido.

Por ejemplo, en lugar de dejar que simplemente vean los domingos y a la distancia al pastor y otros siervos de Dios, puedes invitarlos con sus familias a tu hogar en diversas ocasiones… no solo a disfrutar de una comida, sino a participar de conversaciones enriquecedoras con tus hijos. Convoca a otros padres y abuelos que hayan criado bien a sus propios hijos, y deja que le hablen a tu hijo o hija.

Conoce a sus maestros de la escuela y la iglesia, y aliéntalos a orar por ellos, para que guíen a tus hijos y a otros alumnos con integridad, sabiduría y diligencia en sus estudios.

Si tus hijos se inclinan hacia cierto ámbito de interés, busca personas capacitadas en esa área. Fíjate si tu hijo puede reunirse con esa persona, visitar su lugar de trabajo, o que incluso tenga la oportunidad de probar el oficio.

Enséñales a tus hijos a elegir amigos sabios y evitar los necios. (Proverbios 13:20 y 1 Corintios 15:33 son buenos pasajes para memorizar con tus hijos sobre este tema). Conoce a los compañeros de tu hijo y sus familias. Invítalos a tu casa. Escucha sus conversaciones, percibe adónde están, y guía las charlas y las actividades en una dirección saludable. Entrena a tu hijo para que discierna con sabiduría, piense por sí mismo y esté dispuesto a reemplazar los demonios con ángeles.

Sin duda, hay una especie de conspiración detrás de todo esto. Tus hijos quizás no se den cuenta de tus esfuerzos por rodearlos de voces piadosas, enseñanzas sólidas e inspiración poderosa. Pero más allá de esto, verás cuánto más puede lograr tu amor si abres el abanico a una serie de compañeros sabios de conspiración.

Imagina que colocas a tu hijo en un río de influencia. Como sabemos, los ríos vienen de pequeños arroyos que se unen en lugares críticos y forman una corriente de caudal y dirección. En virtud de tu amor, tus hijos pueden navegar corriente abajo por esa clase de río, llevados por experiencias compartidas, entrenadores excelentes y mentores influyentes que pusiste en sus vidas.

«¡Cuán bienaventurado es el hombre que no anda en el consejo de los impíos, ni se detiene en el camino de los pecadores, ni se sienta en la silla de los escarnecedores...», declara la Biblia (Sal. 1:1). Pero ¿qué sucedería si en lugar de simplemente preparar a tus hijos para que se alejen de esta clase de influencias negativas, les trazaras un viaje con los virtuosos, honrados y admirables, les permitieras estar con hombres y mujeres de valentía e integridad piadosa, y les ofrecieras oportunidades de sentarse con gente sabia y con propósito?

Un plan de juego como este llegará lejos a la hora de lograr que tu familia no sea vencida por el mal, sino que venza con el bien el mal (Rom. 12:21).

HAZ UNA LISTA DE LIBROS CRISTIANOS, ARTISTAS MUSICALES Y PELÍCULAS INSPIRADORAS CON PRINCIPIOS SÓLIDOS QUE QUIERAS COMPRAR PARA TUS HIJOS EN EL TRANSCURSO DEL AÑO SIGUIENTE, PARA IR CREANDO UNA BIBLIOTECA DE INFLUENCIA QUE LOS AYUDE A CRECER EN SABIDURÍA Y CONOCIMIENTO. COMPRA UNO O MÁS DE ESTOS ELEMENTOS ESTA SEMANA Y REGÁLASELOS A TUS HIJOS.

__ Haz una marca aquí cuando hayas completado el desafío de hoy.

¿Qué se te ocurrió para formar su «biblioteca»? ¿Cómo planeas aprovechar al máximo estos materiales?

_____

_____

_____

_____

_____

_____

El que anda con sabios será sabio, mas el compañero de los necios sufrirá daño.
(Proverbios 13:20)

DÍA 32
El amor prepara

Los proyectos del diligente ciertamente son ventaja… (Proverbios 21:5)

El amor suele exigir que actuemos de un momento al otro. Surgen problemas. Explota un conflicto. Los sucesos del día dan un giro inesperado. Así que, improvisamos sobre la marcha. Vemos que nuestros hijos tienen una crisis y respondemos con rapidez para resolverla.

Pero el amor también es prudente. Se anticipa y minimiza las consecuencias posibles al hacer proyectos estratégicos. El amor no espera que los incendios de la vida consuman nuestras familias, sino que instala detectores de humo y aspersores antes de que algo suceda.

Muchos de los problemas que tus hijos enfrentarán todavía no piden a gritos la atención de ellos. Pero un día lo harán. Y cuando llegue el momento, tus hijos necesitarán descubrir que tu amor ya los preparó y les colocó el paracaídas en lugar de arrojarse de cabeza del avión detrás de ellos, con la esperanza de no llegar demasiado tarde.

Queremos que nuestros hijos estén listos para la vida, no que simplemente vayan reaccionando. Que estén expectantes y no desinformados; seguros y no confundidos. Que sepan qué camino tomar y no estén adivinando. Así que, antes de cada nueva etapa y transición importante en sus vidas, busca oportunidades para sentarte a explicarles lo que viene y arrojar luz sobre cualquier misterio que haya en sus mentes jóvenes.

Algunas de tus preparaciones deberían girar alrededor de ocasiones importantes en la vida familiar. Un funeral, por ejemplo, puede angustiar a un niño pequeño. La gente llora. Está el ataúd. El cuerpo. El cementerio. Probablemente, estas sean las primeras imágenes reales que tu hijo vea de la muerte y el duelo, relacionadas con la pérdida de un ser querido.

Pero también es una clara oportunidad, durante los días

y las horas anteriores, para abrir las Escrituras con ellos. Para explicar por qué la muerte es parte de la vida. Para señalar lo que hizo el Señor Jesús para vencer la muerte, para beneficio de todos los que se entregan en Sus manos. Para decirles antes del funeral lo que sucederá y cómo deberían reaccionar. En lugar de dejar que nuestros hijos queden conmocionados y se vean obligados a enfrentar pensamientos y recuerdos dolorosos, el amor prepara su corazón y su mente.

También las bodas, con sus tradiciones a la luz de la vela, la ropa alquilada y el beso esperado, te proporcionan una ocasión similar, pero mucho más feliz, de hablar con tus hijos sobre lo que verán, cómo deberían celebrar y por qué el matrimonio es el diseño divino para el amor y las familias.

Otros momentos significativos son los ritos de transición. A los doce años, por ejemplo, los padres deberían celebrar la introducción de su hijo en la juventud. *Esto es lo que está sucediéndole a tu cuerpo, y así deberías sobrevivir en la adolescencia.*

A medida que se acercan los 16 años, en algunos países ya pueden conducir y manejar mayores libertades, y necesitan preparación para esto. Más que una fiesta temática de cumpleaños o una cena en su restaurante favorito, estos son momentos monumentales para festejar. El amor no los dejará pasar sin planear una noche especial o un fin de semana para dedicar algo de tiempo personal para hablar, alentar y ayudarlos a prepararse para los años por venir.

Entrelazados con estos hitos, hay otras obligaciones para las que debemos preparar bien a nuestros hijos: la pubertad, el primer trabajo, la graduación, la ida del hogar y el casamiento. Los padres suelen rehuir ciertos temas. Pero al amor solo le importa el futuro bienestar de nuestros hijos, y sabe que necesitan que alguien los prepare con todo lo necesario para tomar decisiones sabias, asumir compromisos morales y tener una visión saludable y cristocéntrica respecto a las tentaciones, las oportunidades y los desafíos que enfrentarán.

Las conversaciones sobre la pureza y el diseño de Dios para el sexo pueden ser intimidantes para algunos. Pero idealmente, el amor promueve temprano un ambiente donde puedan tratarse cuestiones delicadas dentro de un contexto sincero, afectivo y sin presión. No podemos dejar que sus compañeros o el mundo los adoctrinen en tu lugar. Las conversaciones sobre sus cuerpos, sus corazones y las clases de presiones que deben anticipar del sexo opuesto deberán estar bajo tu radar.

Pero aun si estás comenzando a hablar de cuestiones que ya tendrían que haberse discutido hace rato, permite que el amor te guíe con audacia hacia esos temas que son demasiado importantes como para dejarlos librados al destino o a los rumores.

El amor les debe a nuestros hijos el regalo de la verdad. El don de espigar de nuestra propia historia y observaciones en vez de tener que conducir en la oscuridad y esperar lo mejor. El presente de ver cómo la sabiduría y la Palabra de Dios siempre trazarán un camino mejor y seguro hacia el respeto personal y el verdadero amor.

Estas conversaciones no son encuentros de una sola vez con nuestros hijos, para no volver a hablar del asunto y hacer como si nunca hubieran sucedido. Tienen que crecer y desarrollarse. Tu hijo tal vez sea demasiado joven ahora como para cargarlo con ciertos temas. Tal vez haga preguntas que debas considerar con cuidado antes de responder. Pero sin importar si tienes que hablar sobre las rueditas de aprendizaje en su bicicleta, los parámetros para el noviazgo o cuestiones sobre el manejo del dinero, el objetivo no es tildar algo en la lista, sino escribir continuamente principios clave en su corazón, año tras año. Estás preparándolos para la vida. Para el éxito en todo sentido.

Ser padre proporciona muchos momentos sin preocupaciones con nuestros hijos. Las noches de juegos. Los sábados. El verano. Y aunque probablemente tus hijos mirarán atrás y recordarán cómo se divirtieron juntos, tu amor puede asegurarse de que también miren hacia adelante, preparados para lo que les explicaste con cuidado. Sé un padre que no haya ignorado las flechas amenazadoras, sino ayudado a sus hijos a blandir su espada y su escudo.

ELABORA UNA LISTA DE TEMAS IMPORTANTES
PARA HABLAR CON TUS HIJOS: LAS RELACIONES
INTERPERSONALES, LA PUBERTAD, LA
INTEGRIDAD, LAS FINANZAS, ETC. COMIENZA
AHORA A PLANEAR LOS MOMENTOS
ADECUADOS PARA TENER ESTAS
CONVERSACIONES. DESPUÉS, EMPIEZA A
PREPARARTE PARA ESOS DÍAS. POR ÚLTIMO,
ORA BUSCANDO SABIDURÍA Y GUÍA.

__ Haz una marca aquí cuando hayas completado el desafío
de hoy.

¿Para qué conversaciones están listos tus hijos en este momento? ¿Cuáles tienen que esperar un poco, sin ser olvidadas?

_____

_____

_____

_____

_____

_____

_____

_____

... Construid, construid, preparad el camino, quitad los obstáculos del camino
de mi pueblo. (Isaías 57:14)

DÍA 33
El amor bendice

El Señor te bendiga y te guarde; el Señor haga resplandecer su rostro sobre ti, y tenga de ti misericordia. (Números 6:24-25)

Una de las mayores alegrías de la crianza es la oportunidad de *conocer* y *amar* a otra persona desde su nacimiento. Verla descubrir el mundo con asombro. Observar cómo crece física y relacionalmente. Día tras día. Etapa tras etapa. De primera mano y desde la fila delantera.

Disfrutar el viaje para verlos... transformarse.

Pero una clave oculta para lograr que los hijos se transformen en las personas que Dios diseñó yace en la influencia de los padres en esa dirección; no con manipulación ni fuerza, sino regando de manera intencional las semillas que Dios plantó. Dándoles una *bendición*.

¿Pero qué *es* exactamente una bendición?

Considera este contraste sutil. Ningún padre espera que su hijo crezca para transformarse en un fracaso. Lo único que desea nuestro amor es salud, felicidad y lo mejor de Dios para cada uno de nuestros hijos. Una bendición es simplemente la manera proporcionada por Dios de manejar estos deseos amorosos para nuestros hijos, transformándolos de deseos expectantes en realidades futuras.

Bendecir a alguien significa «hablar bien» de esa persona. Es cuando un padre utiliza la autoridad que Dios le dio para afirmar verbalmente a sus hijos por lo que son como personas, mientras también los alientan y los inspiran hacia el éxito futuro.

En una bendición, se combinan palabras y deseos poderosos con oraciones y alabanza. Dios instruyó a Moisés que les enseñara a los sumo sacerdotes a bendecir a los hijos de Israel. «Les diréis: "El Señor te bendiga y te guarde; el Señor haga resplandecer su rostro sobre ti, y tenga de ti misericordia; el SEÑOR alce sobre ti su rostro, y te dé paz". Así invocarán mi nombre sobre los hijos de Israel, y yo los bendeciré» (Núm. 6:24–27).

Como Padre celestial, Dios estableció un modelo para bendecir a Su pueblo: afirmar verbalmente Su aceptación y Su apoyo, pintar imágenes vívidas del futuro que se esperaba para ellos, y dedicar de Su persona y Sus recursos para transformar Sus palabras en una realidad.

La Biblia está llena de bendiciones dinámicas. Desde el comienzo del tiempo registrado, Dios «bendijo» al primer hombre y la primera mujer con la responsabilidad de ser fructíferos y multiplicarse (Gén. 1:28). Bendijo a Abraham, Isaac y Jacob, quienes a su vez, bendijeron a sus hijos. Jacob le dio una bendición única a cada uno de sus doce hijos «con la bendición que le correspondía» (Gén. 49:28). A menudo en la Escritura, las personas ponían sus manos sobre los niños o los sostenían con amor en sus brazos para bendecirlos (Gén. 48:14; Luc. 2:28; Mar. 10:16).

A través de la bendición, Dios inspiró constantemente a Su pueblo a tener vidas no solo de utilidad, fe y servicio, sino también de esperanza, paz y honra. Su bendición los estimuló para que avanzaran, renovó su confianza y preparó el camino. Los puso estratégicamente sobre una senda con propósito hacia la prosperidad espiritual.

Cuando Jesús fue bautizado, se escuchó desde el cielo: «Tú eres mi Hijo amado, en ti me he complacido» (Mar. 1:11). Dios el Padre afirmó y bendijo públicamente a Su Hijo, y luego invirtió en el éxito futuro de Jesús al enviar de inmediato Su Espíritu Santo a llenarlo (Luc. 3:22). Esta experiencia poderosa preparó a Jesús para cumplir por completo la voluntad de Su Padre celestial durante Su ministerio en la Tierra.

Muchos hijos, incluso ya adultos, anhelan escuchar afirmaciones de amor y aprobación de parte de sus padres, pero casi nunca las reciben. Al decir simplemente «eres mi hijo (o hija) y te amo con todo el corazón; estoy sumamente orgulloso de ti, y mi deseo y mi oración es que Dios te dé lo mejor para tu vida», puedes cambiarle la vida para siempre. Puedes armar el ámbito ideal para que, en el futuro, abran las alas y vuelen.

Señalar las habilidades o el carácter de un hijo puede ser parte de una bendición. Decir cosas como:

«Creo que serás un gran...».

«Con tus puntos fuertes y tus habilidades, probablemente podrías...».

«Me impresionan tu talento y tu pasión por...».

Luego, acompaña estas palabras de bendición con dedicación. Oración. Aliento. Presentándoles las personas indicadas. Dándoles oportunidades y todo lo que necesiten para triunfar. No se trata de decidir en qué se especializarán en la universidad ni de planear su carrera. Dios los guiará en esas cuestiones a Su tiempo. Pero tu ánimo constante les dará vigor para seguir adelante y decidir qué caminos tomar.

Tu bendición puede permitirles verse como parte elegida del plan de Dios y de Su obra en la Tierra dentro de su generación. Puede recordarles las razones sublimes por las cuales el Señor los dotó de determinado talento, los rodeó de oportunidades específicas y los hizo «hechura suya, creados en Cristo Jesús para hacer buenas obras, las cuales Dios preparó de antemano» (Ef. 2:10).

A medida que tu bendición penetre en sus corazones, podrán progresar sin sentir la necesidad de encontrar una aprobación externa de fuentes poco saludables. Dejarán de vivir con inseguridad y comenzarán a tener confianza en sí mismos, libres del temor y la duda.

Cuando Dios nos bendice, anuncia Su favor y nos guía a una vida abundante. Así que, no tengas miedo de expresar tus palabras de bendición sobre tus hijos. Presenta una visión que los inste a considerar las cosas maravillosas que Dios podría lograr a través de ellos. Las vidas que podrían tocar. El impacto que podrían producir. La bendición que podrían ser.

ESCRIBE UNA BENDICIÓN ESPECIAL PARA CADA UNO DE TUS HIJOS, INCORPORANDO LO QUE VES EN ELLOS Y LO QUE LOS ALIENTAS A BUSCAR A MEDIDA QUE DIOS GUÍE Y PROVEA. LÉELAS O DÍSELAS EN VOZ ALTA FRENTE A TODA LA FAMILIA. ORA POR ELLOS PARA QUE DIOS CUMPLA SUS PLANES PERFECTOS EN SUS VIDAS.

__ Haz una marca aquí cuando hayas completado el desafío de hoy.

¿Cómo respondieron tus hijos a tu bendición? ¿Cómo podrías seguir reforzando tus observaciones y guiándolos a experimentar plenamente su identidad?

_____

_____

_____

_____

_____

_____

_____

… Acércalos a mí, te ruego, para que yo los bendiga. (Génesis 48:9)

Día 34
El amor y el matrimonio

El que halla esposa halla algo bueno
y alcanza el favor del Señor.
(Proverbios 18:22)

Lo más probable es que, si tus hijos siguen en tu casa, no piensas demasiado en el día en que se casen. Pero más allá de su edad, nunca es demasiado temprano para empezar a preparar sus mentes y a priorizar tus oraciones para que incluyan a sus futuras familias. Una de las cosas más importantes debería ser pedirle a Dios que guarde y prepare a tu hijo para transformarse algún día en un maravilloso cónyuge piadoso, y para que encuentre alguien así.

Todos sabemos lo importante que puede ser la decisión matrimonial de una persona. Esta relación tendrá un impacto único en su trayectoria de vida. Puede transformarse en años de paz, gozo y celebración o en décadas de sufrimiento y limitaciones.

Para bien o para mal.

Es prácticamente la descripción de Deuteronomio 7. Después de mandar a Su pueblo Israel que enseñara bien a sus hijos, Dios le advirtió que no casara a sus hijos con las naciones idólatras circundantes. Sabía que un cónyuge impío e insensato podía destruir la pureza y descarriar el legado de muchas generaciones piadosas. Así que, les advirtió a los israelitas que fueran fieles a este mandamiento importante, para que ellos y sus hijos siguieran disfrutando de las bendiciones del amor del pacto: Su prosperidad en los hogares y las familias, Su protección contra la hambruna y el peligro, Su satisfacción incomparable al vivir vidas puras y santas. Si lo ignoraban, sus familias terminarían pereciendo poco a poco: un hogar, un sueño y una consecuencia destructiva a la vez.

Los siglos que pasaron solo reforzaron esta verdad. El rey Salomón fue el hombre más sabio en su época, pero su error al no proteger el matrimonio fue lo que contaminó su fe y destronó a su familia (1 Rey. 11:1-13).

Como él y muchos otros han descubierto, se genera una fricción natural cuando un creyente se une «en yugo desigual» con un incrédulo (2 Cor. 6:14). Tienen amos opuestos y van en distintas direcciones. Así que, a menos que nos guardemos de esta dinámica y ayudemos a nuestros hijos a casarse con cristianos maduros y vigorosos, podrían perder el corazón y el futuro.

En todo matrimonio, la fe y la unidad de las generaciones futuras penden de un hilo. Aquí es donde interviene el amor de un padre. Antes de tiempo.

Mirar hacia el futuro matrimonio de tu hijo supone, en primer lugar, *oración estratégica*. Comienza a orar ahora para que tus hijos crezcan, busquen y se casen con mujeres como la de Proverbios 31, y que tus hijas atraigan y se casen con hombres como el del Salmo 112. Enséñales a mirar más allá del encanto y el atractivo exterior, y a buscar cónyuges que tengan un corazón puro, sabio y sincero, y que amen a Dios y sean leales a Él por sobre todas las cosas (Prov. 31:30).

Además, para preparar el corazón de nuestros hijos para el santo matrimonio, hace falta otra cosa: *proteger la santidad de su pureza*. Tanto con instrucción como con tu ejemplo.

La lujuria y la promiscuidad sexual en la juventud no conducen a matrimonios sólidos y fieles. En cambio, los deshonran y los quiebran desde antes de su comienzo (1 Tes. 4:1-7). Tenemos que enseñarles a nuestros hijos que el amor verdadero es paciente, busca lo mejor de Dios y protege el honor de los demás, así como el futuro lecho matrimonial (Heb. 13:4). Cualquier concesión moral acumulará culpa y vergüenza en tu hijo, y atraerá más personas equivocadas, además de desagradar a Dios.

Llegarán épocas cuando se arremolinen sentimientos intensos. Y el amor nos llama a defender el compromiso de nuestros hijos con paciencia y pureza al llevarlos a la Escritura (2 Tim. 2:22), redirigirlos a servir a Dios sin distracciones (1 Cor. 7:32-35) y ayudarlos a guardar su cuerpo y su corazón para lo que el Señor tiene para ellos (1 Cor. 6:9-20; Prov. 4:23).

Pero eso no es todo. Nuestro ejemplo tiene que marcar la pauta. ¿Le demostramos amor y respeto a nuestro cónyuge, al ser clementes, pacientes y amables? ¿Estamos mostrándoles a nuestros hijos cómo amar a una mujer, cómo respetar a un hombre y cómo tratar al sexo opuesto, mediante la manera en que cuidamos a nuestro cónyuge?

Una de las tareas más importantes del amor es demostrarles a nuestros hijos que, aunque no hay matrimonios perfectos, todos los matrimonios pueden tener amor. Incluso el nuestro. Aun si eres padre soltero o estás divorciado, puedes buscar maneras de poner en práctica y alentar los principios bíblicos del amor, la pureza y la fidelidad que deseas para ellos.

Porque una vez que nuestros hijos se casen, nuestras obligaciones pasarán de ser un discipulado activo a un respeto pasivo por su nueva familia y su independencia. Podemos alentar, orar y ofrecer nuestro consejo cuando nos lo pidan. Pero tendremos que darles espacio para «dejar y unirse», de modo que pueda florecer su nueva unión de «una sola carne». Entrometernos o intentar rescatarlos solo los frenará y plantará una maleza de división entre ellos y una raíz de resentimiento hacia nosotros.

Sin embargo, hasta que estén listos, la Escritura alienta repetidas veces a los jóvenes a no despertar «el amor hasta que llegue el momento apropiado» (Cant. 2:7; 3:5; 8:4, NTV).

Orar y preservar la inocencia y el honor de tus hijos, cuidar a qué los exponemos y desalentar relaciones de noviazgo prematuras, antes de que estén en una edad con posibilidades de casarse… todos estos son pasos amorosos y precavidos que pueden dar los padres para ayudar a los corazones jóvenes a permanecer puros y prepararlos para un éxito a largo plazo en el altar.

HOY ORA ESPECÍFICAMENTE POR LOS FUTUROS CÓNYUGES DE TUS HIJOS, PARA QUE DIOS GUARDE INCLUSO AHORA A ESTAS PERSONAS EN PUREZA Y LAS HAGA CRECER EN LA FE CRISTIANA. SI ES POSIBLE, ORA JUNTO CON TU CÓNYUGE. Y SI YA TIENES HIJOS CASADOS, ORA CON UN ÉNFASIS ESPECIAL POR ESTAS PAREJAS, PARA QUE SUS MATRIMONIOS SEAN FIRMES Y AMOROSOS, UN TESTIMONIO CONSTANTE DE LA BENDICIÓN DE DIOS.

__ Haz una marca aquí cuando hayas completado el desafío de hoy.

¿Cómo recibieron tus hijos las palabras de aliento que les diste? ¿Por qué cualidades estás orando para tus futuros yernos y nueras según la guía del Señor?

_____

_____

_____

_____

_____

_____

_... enseñen a las jóvenes a que amen a sus maridos [...]
exhorta a los jóvenes a que sean prudentes. (Tito 2:4,6)_

DÍA 35
El amor se regocija en la verdad

El que persiste en la justicia alcanzará la vida...
(Proverbios 11:19)

Pocas cosas deberían producirnos más entusiasmo que ver que nuestros hijos aman a Dios y viven en santidad. Que prueban ser un amigo verdadero y atento. Que respetan la autoridad. Que practican la decencia. Que se comportan con madurez, sabiduría y bondad.

Cuando nuestros hijos exhiben actitudes y conductas que se alinean con la voluntad de Dios para ellos, no debería quedarles duda de lo mucho que esto nos agrada. Cuando ponen en práctica las verdades de la Escritura, y los vemos demostrar abnegación, sacrificio y corazón de siervo, tienen que saber que no haremos la vista gorda. Lo celebraremos.

El apóstol Juan declaró: «No tengo mayor gozo que éste: oír que mis hijos andan en la verdad» (3 Juan 4). Se regocijó cuando sus hijos espirituales buscaban la piedad, la pureza y la fidelidad, y no transgredían en nada. Sabía que era la única manera de agradar a Dios, completar su propósito y encontrar verdadero gozo y satisfacción en la vida. Así que, nada le agradaba más que verlos practicar las prioridades que los mantenían en medio del camino de la bendición, y los hacían crecer y prosperar.

El amor «se alegra con la verdad» (1 Cor. 13:6). Cuando tus hijos maduran espiritualmente, perseveran en la fe y se dedican a dar y a servir, la Biblia nos enseña que debemos celebrar. Más que si reciben un premio en un paseo escolar. Más que cuando tienen éxito en la escuela o en sus trabajos.

El apóstol Pablo solía expresar deleite en sus cartas a las iglesias cuando recibía informes de su fidelidad y su crecimiento en Jesús (2 Tes. 1:3-4). Como padres, no podemos menos que estar emocionados y ansiosos por resaltar el carácter de nuestros hijos con esta clase especial de reconocimiento.

¿Qué te pone más orgulloso y te llena de alegría respecto a tu hijo? ¿Acaso cuando anota un jonrón? ¿Cuando tu hija obtiene la mejor calificación en la clase de Lengua? ¿O te asombra más cuando tu hijo ora y lee la Biblia por la mañana, o cuando tu hija habla de su fe o perdona a su hermana?

Eres una de las personas más influyentes en la vida de tus hijos. Ellos querrán agradar a la persona que más los apoye. ¿Has usado tu influencia para llevarlos a honrar a Dios?

Mira rápidamente los canales de televisión o entra en cualquier centro comercial y verás lo que las personas de nuestra sociedad aman y valoran; aquello en lo cual se «regocijan». Vanidad. Materialismo. Sensualidad. Egoísmo.

Es como si la población general caminara con un guión en la mano; con los papeles que se espera que cada uno represente. Se nos ha dicho lo que tenemos que pensar y cómo debemos vestirnos; lo que tendría que resultarnos interesante y a qué debemos aspirar; en qué gastar nuestro dinero e invertir nuestro tiempo. Y si alguno decide ir en otra dirección, lo más probable es que se burlen de él o lo rechacen, lo aíslen y lo ignoren.

Nunca debemos olvidar que al alentar a nuestros hijos a caminar con Dios, les pedimos que naveguen intencionalmente contra la corriente cultural. En un mundo donde reina lo exterior y las cualidades de carácter quedan sepultadas en las sombras, su pureza y su lealtad a la verdad probablemente sean tratadas como anticuadas o irrelevantes. Así que, si nuestros hijos deciden honrar a Dios con sus vidas y seguir lo que les hemos enseñado, pueden esperar que los malinterpreten y se burlen de ellos.

Por eso, nuestro amor siempre debe afirmar los grandes pasos de valor que den con fidelidad, bondad y sacrificio personal. Su compromiso con el desafío de la Escritura

—«No os adaptéis a este mundo, sino transformaos mediante la renovación de vuestra mente» (Rom. 12:2)— se vuelve mucho más accesible si nuestro apoyo y ejemplo fortalecen su decisión.

Al contar con el amor del Padre y de sus padres, pueden descansar en esta verdad escritural: «Bienaventurados sois cuando los hombres os aborrecen, cuando os apartan de sí, os colman de insultos y desechan vuestro nombre como malo, por causa del Hijo del Hombre. Alegraos en ese día y saltad de gozo, porque he aquí, vuestra recompensa es grande en el cielo» (Luc. 6:22-23). Si reciben el estímulo de tu apoyo y tu entusiasmo, estarán más dispuestos a apartarse de las cosas temporales de la vida, y concentrarse en cambio en lo eterno y lo espiritual (Col. 3:1-2).

Necesitan poder contar con nosotros como sus mayores animadores. Precisan padres que les levanten la cabeza y los feliciten por decidir aborrecer lo malo y aferrarse a lo bueno (Rom. 12:9). Tenemos que criar hijos que sepan cómo detestar el pecado y amar a Dios, que se den cuenta cuándo algo está mal (tanto en sí mismos como en la cultura) y que, con valentía, «busquen primeramente el reino de Dios y su justicia» (Mat. 6:33, NVI).

Ama a tus hijos con todo el corazón, mediante tu consejo paternal y tus deleites personales, para que aprendan a valorar las bendiciones de la obediencia y la verdad. Enséñales a poner el corazón y la esperanza en agradar solo al «Oyente celestial», sin importar lo que el resto del mundo espere de ellos.

Y cuando veas que, con fidelidad, ponen en práctica la Palabra de Dios… ¡regocíjate!, en voz alta y durante suficiente tiempo como para que su espíritu festeje contigo. Tu aplauso se unirá al del cielo.

EL DESAFÍO DE HOY

IDENTIFICA UNA CARACTERÍSTICA PIADOSA
QUE VEAS EN TUS HIJOS —UNA ÉTICA DE
TRABAJO FIEL, UN AMOR POR LA ADORACIÓN,
UN CORAZÓN ABNEGADO— E INTENTA
ENCONTRAR UN PASAJE BÍBLICO QUE ALIENTE
ESTA ACTITUD O ACCIÓN. PRÉSTALES ESPECIAL
ATENCIÓN MIENTRAS ESTÁN JUNTOS COMO
FAMILIA. LEE O CITA EL VERSÍCULO QUE
ENCONTRASTE, Y DILES POR QUÉ TE HACE
PENSAR EN ELLOS.

__ Haz una marca aquí cuando hayas completado el desafío de hoy.

¿Qué atributos observaste en tus hijos? ¿Cómo los afirmaste?

_____

_____

_____

_____

_____

_____

_____

_____

Que el Señor dirija vuestros corazones hacia el amor de Dios...
(2 Tesalonicenses 3:5)

Día 36
El amor todo lo soporta

*… has visto cómo el Señor tu Dios te llevó, como un hombre
lleva a su hijo, por todo el camino que habéis andado…*
(Deuteronomio 1:31)

Recuerda tus propias aventuras juveniles (tal vez incluso
en las mismas edades que tus hijos tienen hoy) y quizás te
vengan a la mente momentos específicos en los que no fuiste
amoroso, amable y responsable. No cumpliste con algún
compromiso ni mantuviste tu sano juicio. Desde lo accidental
hasta lo obstinado e intencional, todos hicimos cosas claramente erradas. Y de una u otra manera, terminamos pagando
el precio.

La Biblia lo expresa de la siguiente manera: «No os dejéis
engañar, de Dios nadie se burla; pues todo lo que el hombre
siembre, eso también segará» (Gál. 6:7).

Pero recuerda: ¿alguna de esas consecuencias que pagaste
fue el amor de tus padres? Tal vez en ese momento lo creíste,
en especial, si tu mala conducta se transformó en una abierta
rebelión. Quizás les agotaste la paciencia y se cansaron de so-
portarte. Sea cual fuere el caso, la verdadera pregunta es cómo
reaccionarás si *tus* hijos fracasan. Según la Biblia, el amor «todo
lo soporta» (1 Cor. 13:7). Resiste. Aun si las decisiones que tus
hijos tomaron te producen dolor y desilusión.

El diablo se asegurará de que nuestros hijos siempre tengan la opción de escoger el camino equivocado. Al igual que
nosotros, lucharán con las debilidades de su humanidad. En
todo momento, serán susceptibles a engaños sutiles. Tal vez les
cueste rendirle su corazón y sus decisiones a Dios, y no siempre
estén convencidos de que Su Palabra dice toda la verdad.

Ahí es cuando nosotros, como padres, descubrimos si la
profundidad de nuestro amor por ellos solo alcanza la risa que

compartimos en los buenos momentos o si es lo suficientemente abarcadora como para estar a su lado durante la dureza
de corazón y la desolación. ¿Nos concentraremos con enojo en
cuánto *nos* afecta su mala conducta? ¿O nuestro amor surgirá
para buscar restaurarlos y rescatarlos? ¿Para tenerles paciencia
con amor?

¿Tus hijos tienen permiso de fracasar? ¿Pueden ser imperfectos en tu mundo? ¿Pueden perder el camino sin perder la
seguridad de tu amor, tu constancia y tu perdón?

Los padres pueden tener gran influencia e impacto en sus
hijos, pero no pueden obligarlos a elegir el camino piadoso.
Puedes ser el mejor padre del mundo, pero aun así, tu hijo puede caer en temporadas de rebelión.

Incluso Dios dijo de Su pueblo escogido: «Hijos crié y los
hice crecer, mas ellos se han rebelado contra mí» (Isa. 1:2). Más
adelante, les advirtió: «Si queréis y obedecéis, comeréis lo mejor de la tierra; pero si rehusáis y os rebeláis, por la espada seréis
devorados» (Isa. 1:19-20).

Algunas de las lecciones más importantes en las vidas de
tus hijos vendrán de momentos cuando sean probados y deban
afrontar las consecuencias amargas de sus acciones. En esas
situaciones, no siempre es mejor rescatarlos rápidamente de
las repercusiones de su pecado. Si lo haces, quizás estés opo-
niéndote al Señor, mientras Su mano paternal de disciplina está
dando un golpe estratégico (Heb. 12:5-6). Demasiadas veces,
los padres intervienen con insensatez y aceptan las consecuencias, saboteando inconscientemente la lección que Dios estaba
dándoles a tus hijos.

Entonces, ¿cómo sabe un padre cuándo mantenerse firme
y cuándo mostrar compasión y misericordia? La Biblia enseña:
«Dios resiste a los soberbios pero da gracia a los humildes»
(Sant. 4:6). Humildad: esa es la clave.

Cuando Jesús describió el corazón de nuestro Padre celestial, relató la poderosa historia de un hijo pródigo que, con
orgullo, exigió la herencia temprano, derrochó las riquezas

de su padre y terminó sin un centavo, comiendo con los cerdos.

Su padre no lo rescató. No mientras tenía una actitud orgullosa. Pero cuando el hijo recapacitó, volvió a su casa con la cabeza gacha. Y «cuando todavía estaba lejos, su padre lo vio y sintió compasión por él, y corrió, se echó sobre su cuello y lo besó».

En lugar de sermonearlo directamente, el padre reconoció el quebrantamiento humilde de su hijo, y dijo: «Pronto, traed la mejor ropa y vestidlo [...]. Comamos y regocijémonos; porque este hijo mío estaba muerto y ha vuelto a la vida; estaba perdido y ha sido hallado» (Luc. 15:20-24).

Jesús usó esta historia increíble para describir el corazón lleno de gracia de nuestro Padre celestial. Y también debería describir el nuestro.

Vez tras vez, Dios quiso alcanzar a Su pueblo escogido; no con permisividad débil, sino con amor constante. Con Su gracia, cubrió la culpa del pueblo y multiplicó Sus misericordias. Siempre tuvieron un hogar al cual regresar. Él era su hogar.

El amor dice: «No pagaré la fianza de la cárcel, pero te visitaré cuando estés allí, y te recibiré con gozo en mis brazos cuando recapacites y vuelvas a casa».

Los hijos rebeldes pueden romperles el corazón a sus padres. Pueden producir un profundo enojo y confusión. Pero en última instancia, tus hijos necesitan que soportes todo por ellos. No para amargarte en tu desolación, sino para decir la verdad con amor firme y devolvérselos al Señor, una y otra vez. Para reunir un ejército de intercesores. Para orar y volver el cielo y la Tierra a su favor. Tal vez necesites pedir la disciplina medida de Dios antes de que pueda llegar Su rescate y misericordia. Pero cuando tus hijos se despierten y regresen, tu amor debe estar a la puerta con los brazos abiertos.

SI UNO DE TUS HIJOS SE ENCUENTRA EN UN PERÍODO DE AGITACIÓN Y CONFUSIÓN, ESCRIBE UNA NOTA BREVE PARA REAFIRMARLE TU AMOR, TU ORACIÓN Y TU APOYO CONSTANTE. PROPONTE DECIRLE A CADA UNO DE ELLOS QUE TU AMOR ES INCONDICIONAL, NO IMPORTA LO QUE SUCEDA. PREGUNTA SI PUEDES AYUDARLOS A SOPORTAR ALGO HOY.

__ Haz una marca aquí cuando hayas completado el desafío de hoy.

¿Cuál es el mayor desafío que enfrenta tu amor respecto a tus hijos en este momento? ¿Qué te llama a hacer el amor que no hayas hecho hasta ahora?

_____

_____

_____

_____

_____

_____

_____

... *los soportó en el desierto.* (Hechos 13:18)

DÍA 37
El amor cumple sueños

Yo muy gustosamente gastaré lo mío, y aun yo mismo me gastaré
por vuestras almas… (2 Corintios 12:15)

Dios ama con extravagancia. Disfruta al superar nuestras expectativas. Derrama Su bendición sin medida. La Biblia dice que hizo «abundar» Su gracia para con nosotros (Ef. 1:8) y que nos provee una vida abundante y sin límites (Juan 10:10).

Y como Sus discípulos, somos llamados a dar esa misma clase de amor extravagante; dar más de lo que se nos pide, recorrer la segunda milla, superar las expectativas (Mat. 5:39-45). La Escritura nos enseña que a Dios le agradan los dadores alegres (2 Cor. 9:7), aquellos que están dispuestos a dar en abundancia y con deleite.

Piensa en cada uno de tus hijos. ¿Qué les encantaría tener o hacer? ¿Qué anhelan profundamente experimentar o aprender? ¿A quién les gustaría conocer? ¿Qué haría que dijeran «¡este es el mejor día de mi vida!»?

La crianza no siempre significa inventarse otra razón creativa por la cual *no* hacer algo. Imagina lo que podría suceder si algo que tu hijo jamás esperaría que hicieras por él se transformara en el próximo gran gesto de tu parte.

¿Para qué regalo inesperado podrías empezar a ahorrar, que abrumara a tu hijo con amor? ¿Una bicicleta? ¿Una cama elástica? ¿Un cachorro? ¿Un automóvil? ¿Adónde podrías llevarlos para una aventura inesperada en familia? ¿A un parque de diversiones? ¿Una acampada? ¿Un paseo en globo aerostático?

A veces, el amor tiene que ser extravagante; jugarse todo. Resolver los detalles, abrir las compuertas de la generosidad y bendecir a alguien de manera inesperada por puro gozo.

El sentido común nos dice que no podemos darles todo lo que quieren. Nuestro presupuesto y nuestros horarios son limitados. Pero no todo lo que tu hijo quiere tiene una etiqueta de precio elevada. El gozo viene en toda clase de tamaños y formas.

Quizás tengas un niño en edad preescolar, cuya idea del día perfecto sea comer un menú para niños y jugar contigo en el parque. Tu hijo adolescente tal vez solo quiera jugar a la pelota en el patio contigo. El corazón de tu hija puede explotar de alegría si simplemente ordenas su armario o la llevas a comer a un restaurante elegante bien vestidos. ¿Qué puedes hacer realidad que esté a tu alcance?

¿Y qué me dices de algunas inversiones a largo plazo?

Dentro del corazón de tu hijo, se encuentran sueños y deseos que puso el Dios Todopoderoso; esperanzas y pasiones más grandes, que un día derivarán en la plenitud de sus dones y aspiraciones únicos. Quizás tus hijos no piensen en estas cosas todos los días, pero cuando lo hacen, sus corazones se llenan de esperanza. *Qué sucedería si…* Me pregunto… Me encantaría… Algún día… Probablemente, hayan demostrado interés en estas cuestiones desde que tienes memoria. Y a medida que se hacen más grandes, lo más probable es que estos intereses se hayan ido reduciendo a ámbitos más estrechos de exploración. Pasan tiempo estudiando al respecto. Quieren mejorar en eso. No pueden evitar hablar sobre el tema.

Casi seguro que puedes identificar una o más pasiones que producen un entusiasmo visible en sus ojos y su voz. Aprender a cazar. Practicar un deporte nuevo o tocar un instrumento musical. Realizar un viaje misionero. Producir películas algún día.

Todos hemos presenciado algunos extremos: padres que envían a su hijo de nueve años a entrenar para las Olimpíadas; otros que les llenan los veranos con interminables campamentos y competiciones para ayudarlos a desarrollar sus habilidades y repertorios. Y aunque no todos los padres pueden o deben llegar a estos extremos, el amor nos inspira a no disipar los sueños de nuestros hijos o dejarlos morir lentamente por falta de apoyo parental. El amor mide nuestra dedicación en comparación con cualquier otra cosa que consuma nuestro tiempo y atención, y decide hacer todo lo posible por fomentar lo que Dios ya comenzó en ellos.

Jesús instruyó a Sus seguidores a acumular «tesoros en el cielo […] porque donde esté tu tesoro, allí estará también tu corazón» (Mat. 6:20-21).

Pero ¿y si supieras que tienes «tesoros en el cielo» bajo tu mismo techo; muchachos y chicas cuyos espíritus estarán algún día con Dios para siempre… en el cielo? ¿Acaso una demostración abundante de tiempo, dinero, riesgos y devoción hacia ellos y sus sueños no es también una inversión en cuestiones eternas?

Algunos dirían que esto es malcriarlos. Y lo *sería* si permitiéramos que nuestros hijos exigieran con egoísmo o actuaran como si tuvieran derecho a cualquier cosa. Pero tenemos un Padre celestial que, por iniciativa propia, nos da sin medida (Rom. 8:32), y que aun así, con sabiduría, nos niega aquellas cosas que sabe que no deberíamos tener. Si nuestra respuesta es siempre «no» y casi nunca consideramos la posibilidad de hacer más, no estamos amando a nuestros hijos con el amor del Padre.

Así que, atrévete a pensar en términos de abrumar a tus hijos con amor de alguna manera especial, a superar sus expectativas y sorprenderlos con tu consideración y bondad. Aunque no se trate de algo que te interese personalmente, considera el vínculo que podrías crear con su corazón al hacer algo extravagante.

Toma nota de los deseos y los sueños de tus hijos. Decide cómo podrías ayudarlos, dentro de lo razonable, a cumplirlos o lograrlos. Entonces, muéstrales los colores deslumbrantes del amor increíble del Padre celestial.

COMIENZA A HACER PLANES PARA INVERTIR
TIEMPO O DINERO EN ALGÚN REGALO O
EXPERIENCIA ESPECIAL PARA SORPRENDER A
TU HIJO. ALIENTA SU PASIÓN EN UNA DE SUS
MAYORES ÁREAS DE INTERÉS. SÉ CREATIVO,
GENEROSO, Y COMPROMÉTETE A CUMPLIR.

__ Haz una marca aquí cuando hayas completado el desafío
de hoy.

¿Qué área te vino a la mente? ¿Cuán creativo crees que
puedes ser con esta sorpresa?

... los hijos no tienen la responsabilidad de atesorar para sus padres,
sino los padres para sus hijos. (2 Corintios 12:14)

Día 38
El amor libera

… os encomiendo a Dios y a la palabra de su gracia…
(Hechos 20:32)

«Por tanto el hombre dejará a su padre y a su madre y se unirá a su mujer, y serán una sola carne» (Gén. 2:24).

Esta es la primera instancia en que aparecen las palabras *madre* y *padre* en las Escrituras. Y sorprendentemente, no solo describen a una familia unida, sino a una que se separa: un hijo que deja el refugio del hogar para unirse a su esposa, y en donde el mismo proceso se repetirá una y otra vez, de generación en generación.

Con cuánta rapidez llegamos a esta etapa como padres… en general, mucho antes de lo que esperamos. La sensación normal de tener a los hijos en casa (casi como si no pudiéramos recordar algo diferente) va siendo reemplazada por el sentimiento conflictivo de observarlos irse del hogar. Todos esos años de amor, preparación e inversión diarios. Los triciclos, las rueditas de aprendizaje, las bicicletas, los autos. Y ahora, las luces posteriores.

El tiempo pasa como una estela. Viene y se va. Y los padres deben estar dispuestos a pasar con valentía a la próxima etapa de sus vidas. No, en realidad no queremos que nuestros hijos sigan siendo pequeños y dependan de nosotros para siempre. Y sin embargo, una gran parte de nosotros los extrañará cuando ya no lo hagan.

La conciencia de que esta transición se aproxima se cierne sobre nosotros como padres. En forma sutil, se desliza a nuestros pensamientos conscientes cada Navidad y cumpleaños, y cada vez que cambia el año escolar. Se aproxima constantemente. Está siempre más cerca de lo que nos gustaría admitir o de lo que nos sentimos preparados para manejar emocionalmente.

La crianza está diseñada precisamente para preparar a nuestros hijos para ese día, cuando dejen de estar bajo nuestro control, sean responsables de sus vidas por completo como adultos jóvenes, y extiendan las alas para volar hacia el mundo y el futuro. Si lo piensas, mucho de lo que hacemos como padres es enseñarles deliberadamente a nuestros hijos a ser independientes de nosotros y abandonar el nido.

Así que, el amor debe hacerle frente a esta tarea y no acobardarse. El amor se anticipa y nos obliga a escoger lo mejor en cada época, para que nuestros hijos disfruten de lo mejor de Dios siempre. El amor no se pierde en la rutina diaria y los horarios semanales, sino que considera adónde debería llevarnos toda esta actividad y adónde está conduciendo a *nuestros hijos*. El amor tiene una buena visión a la distancia y no cierra los ojos para evitar usarla.

Poco a poco, en especial cuando nuestros hijos comienzan a transitar la adolescencia, tenemos que confiarles en forma intencional cada vez mayores y apropiados privilegios y responsabilidades. Tareas más grandes. Trabajos más difíciles. Más cantidad de libertad. No antes de que tengan la madurez y el buen juicio para manejar las situaciones, pero se lo otorgamos con cuidado, con un equilibrio saludable.

En lugar de hacer todo *por* ellos, el amor decide dejarlos que aprendan a hacerlo por su cuenta. En vez de retener oportunidades (incluso las que puedan resultarles intimidantes), el amor los deja experimentar con el riesgo y practicar dentro de ambientes lo suficientemente seguros para que se minimice el fracaso y se transforme en lecciones de habilidades para la vida. No debería haber nada que, con el tiempo, no puedan hacer sin nuestra ayuda. Tienen que estar completamente preparados para irse.

Jesús enseñó este principio en la parábola de los talentos, donde un empleador sabio distribuyó cantidades individuales de dinero entre sus siervos competentes, para que las usaran y las invirtieran. Le confió a cada uno la cantidad que sabía que podía manejar. Más adelante, recompensó con más a los que habían usado su porción asignada con cuidado e inteligencia, diciendo: «Bien, siervo bueno y fiel; en lo poco fuiste fiel, sobre mucho te pondré» (Mat. 25:21).

Jesús mismo, en Su propio ministerio, fue sumamente intencional al lanzar a Sus discípulos al futuro. El Evangelio de Juan contiene cuatro capítulos enteros y memorables —casi el 20% del libro (caps. 14–17)— dedicados por completo a instruir a Sus seguidores más cercanos sobre lo que vendría y cómo podían manejarlo cuando Jesús ya no estuviera a su lado.

Les dio instrucciones claras y los alentó. Les prometió Su amor y la presencia continua del Espíritu Santo. Les aseguró que estaban listos, que confiaba en ellos. Y oró con un celo apasionado por su protección, su triunfo y su influencia en el mundo.

El amor nos da el particular honor de invertir en nuestros hijos con esta misma clase de visión de largo alcance. Deberíamos dejarles en claro lo que viene por delante y para qué estamos preparándolos. Tenemos que prometer que estaremos para lo que necesiten mientras prueban su independencia. Debemos darles referencias a las cuales apuntar, avisarles que los estaremos observando y alentando, listos para darles incluso más oportunidades a medida que se las ganen. Y entonces, oramos como si no existiera el mañana, sabiendo que lo que más necesitan (más que su propio sentido de seguridad y realización, más que nuestro apoyo como padres) es tener experiencias constantes de confianza con su Padre celestial, que siempre será su Consejero y su Guía.

Es difícil lanzarlos. Pero es nuestra tarea. Si los preparas bien, tu amor puede impulsarlos hasta el infinito.

CONSIDERA ALGUNA RESPONSABILIDAD O PRIVILEGIO EXTRA QUE PODRÍAS CONFIARLE A CADA UNO DE TUS HIJOS. DEFINE CON CLARIDAD LOS PARÁMETROS, LO QUE ESPERAS DE ELLOS Y LO QUE SIGNIFICARÁ SU FIDELIDAD. SI TIENES HIJOS MAYORES (QUIZÁS QUE YA NO VIVAN CONTIGO), INTENTA CONTACTARLOS HOY Y RECORDARLES QUE LOS AMAS, QUE CONFÍAS EN ELLOS Y QUE ESTÁS ORGULLOSO DE LA PERSONA EN LA QUE ESTÁN TRANSFORMÁNDOSE.

__ Haz una marca aquí cuando hayas completado el desafío de hoy.

¿Qué responsabilidades les diste? ¿Cómo las recibieron? ¿Qué te ayudaría a seguir haciendo esto más seguido?

_____

_____

_____

_____

_____

_____

_____

Como tú me enviaste al mundo, yo también los he enviado al mundo.
(Juan 17:18)

Día 39
El amor nunca falla

Con amor eterno te he amado…
(Jeremías 31:3)

Dada tu función como padre, ahora comprendes el amor de una manera que jamás podrías haberlo entendido antes. Ya has tenido en tus brazos un niño propio. Abrazaste y besaste sus heridas y temores. Te reíste de sus expresiones inolvidables y corriste desde el otro lado del patio para salvarlos de un posible accidente. Limpiaste su desorden, les proporcionaste zapatos y ropa, siempre los alimentaste y les llevaste un vaso de agua después de orar por ellos a la noche.

Qué gracioso que alguna vez no hayas tenido seguridad de querer hijos todavía. Tal vez no sabías si estabas preparado para tener un hijo propio. *Mira cómo has cambiado. Cuánto lo amas ahora.*

Pero ¿qué sucedería si este mismo hijo te diera la espalda y rechazara tu amor? ¿Y si cambiara y quisiera alejarse de ti? ¿Si comenzara a malinterpretar tus intenciones amorosas y te acusara de ser demasiado opresivo, poco realista y controlador? ¿Y si, como respuesta a tus debilidades y errores, decidiera que no quiere recibir más tu amor? ¿Si no te creyera ni confiara en ti? ¿Si no te quisiera en su vida o en sus asuntos? ¿Qué pasaría si se alejara tanto que ya casi ni lo reconocieras? ¿Si no te gustara para nada la persona en la que se ha transformado?

¿Qué crees que Dios haría en circunstancias similares? ¿Qué hizo Su amor en el pasado?

La palabra más usada en las Escrituras para describir el amor de Dios en el pacto es «misericordia». Amor *fiel*. Amor *duradero*. La clase de amor que no tiene límites ni restricciones de lugar. Trasciende el tiempo y el espacio. Es abundante y determinado. Un elemento permanente.

La Tierra está tan llena de la misericordia del Señor (Sal. 33:5), que se extiende hasta llegar a los cielos (Sal. 36:5). Su amor es «para siempre» (1 Crón. 16:34), como una canción que resuena día y noche (Sal. 42:8), y perdura el resto de nuestras vidas (Sal. 23:6). «Bendito sea Dios, que no ha desechado mi oración, ni apartado de mí su misericordia» (Sal. 66:20). Su amor nunca falla.

Además, siempre trae consuelo y confianza al corazón de los que reciben Su amor. Ellos tal vez no siempre admitan que lo necesitan o lo quieren; a veces, incluso ni siquiera crean que está allí, pero su presencia siempre los bendice.

¿Dios sigue siendo santo y apartado? Sí. ¿Poderoso y digno de temor? ¿Merecedor de ser tomado en serio? Totalmente.

Pero Su amor sigue siendo constante, y siempre se puede confiar en él (Sal. 13:5). Inconmovible, y por lo tanto, capaz de evitar que tú seas conmovido (Sal. 21:7). Su amor es un refugio al que siempre puedes acudir (Sal. 36:7); una fortaleza y una canción de fuerza (Sal. 59:16) que puede hacerte florecer y crecer, y volver a vivir (Sal. 52:8).

Por eso, siempre corremos hacia Él en lugar de huir de Sus ojos y Su juicio santos. Su amor perfecto atrae nuestro corazón tembloroso para encontrar paz y gracia en Sus brazos paternales.

Gracias a esto, puedes acudir a Él en tus momentos más débiles e imposibles de la crianza y descubrir que Su fortaleza puede ayudarte a seguir amando a tus hijos. Aunque se rebelen o se alejen, el Espíritu de Dios puede darte lo que ya no sientes ni podrías generar por cuenta propia. Puede llenarte de Su amor inalterable y eterno (Rom. 5:1-5). Amarlos con fidelidad se trata más de permanecer cerca de Él que de estar contentos con *ellos*.

Aun si tus hijos permanecen puros y cerca del Señor, igual fracasarán y tendrán épocas difíciles. Mientras respires, Dios quiere que seas una fuente de estabilidad y un ejemplo de Su amor para ellos en esos momentos.

La crianza es para toda la vida. Observa que casi todos los pasajes y los ejemplos de amor citados en este capítulo están tomados del Antiguo Testamento… de esas páginas de la Biblia donde algunos solo ven el enojo y el juicio ardiente de Dios. Sin embargo, Su amor también era abrumador e inagotable en ese entonces. Y desde que se hizo carne mediante la vida de Jesús, quien se sacrificó por nuestros pecados en la cruz y venció la maldición de la muerte sobre nosotros, Su amor sigue siendo más fuerte que nunca hoy y lo será por la eternidad.

Cuando Dios te dio hijos, también te otorgó la oportunidad de probar Su amor por nosotros, *Sus* hijos. Así que, en el amor de Dios, vemos el modelo para el nuestro: un amor que no se basa en las acciones, el temperamento ni la actitud de la persona amada, sino en aquel que ama.

Amar a nuestros hijos es una promesa. Un pacto. Una ocupación escogida. Los tiempos cambiarán y las necesidades de nuestros hijos también. La vida no siempre nos dará la opción de tomarlos en brazos y sostenerlos hasta que se calmen y nuestro amor haga efecto. A veces, nuestro amor debe resistir desde la distancia… para demostrarles que siempre seguirá siendo así.

Esto se debe a que el amor, por naturaleza, es eterno. El amor de Dios ya es lo que será para siempre. Jamás se acaba. Nunca deja de amar. Y al caminar con Él, puedes comunicarles ese amor a tus hijos, porque Su «amor nunca deja de ser» (1 Cor. 13:8).

EL DESAFÍO DE HOY

Dedica algunos minutos para concentrarte en el amor de Dios por ti. No importa cuánto ames a tus hijos, Su amor por ellos y por ti es mucho más grande. Agradécele por Su amor y pídele que te ayude a reflejarlo a tus hijos cada día. Diles a tus hijos que los amarás sin importar lo que hagan, adónde vayan o qué les suceda, porque así te ama Dios, y ese es el amor que les demostrarás.

__ Haz una marca aquí cuando hayas completado el desafío de hoy.

Anota algunas de las maneras en que Dios ha demostrado Su amor a ti y a tu familia.

_____

_____

_____

_____

_____

_____

_____

¿Quién es sabio? Que preste atención a estas cosas, y considere
las bondades del SEÑOR. (Salmo 107:43)

Día 40
El amor deja un legado

«Tus obras tendrán su recompensa […] afirma el SEÑOR».
(Jeremías 31:16, NVI).

No hay «padres perfectos», solo hombres y mujeres buenos que aman a sus hijos hasta el final. A través de dientes que se caen, golpes y hematomas, e incontables tentempiés. A través de tareas escolares a medianoche y rivalidad entre hermanos.

A veces, parece que estuviéramos atrapados constantemente en un ciclo interminable, intentando atravesar esta época y evitar que todo se caiga a pedazos. No obstante, el amor es lo que nos ayuda a ver que, en realidad, estamos construyendo algo increíble: un LEGADO.

Una herencia familiar sólida. Una inversión para incontables generaciones que vendrán después de nosotros. Es lo que nuestro amor puede ayudarnos a visualizar cuando cerramos los ojos a la noche: la esperanza de formar generaciones futuras de guerreros y vencedores, y de bendecirlos en los años que vendrán. Lo hacemos mediante un sacrificio cotidiano, sueños esperanzados y trabajo duro.

Pero todo se reduce al amor, el centro del legado que dejaremos.

La fortaleza no yace simplemente en el apellido o el ADN que les trasmites a tus hijos. Tu legado de amor seguirá hablando, por ejemplo, a través de tu *sabiduría*.

Quizás no creas tener demasiadas perlas de sabiduría que valga la pena recordar. Pero la mayoría de estas pepitas no vendrán de frases ensayadas o discursos impresionantes. Probablemente, se mencionarán de improviso junto a la cama, a la mesa o desde el asiento del conductor. Serán captadas cuando le susurras al oído a tu hijo durante un momento de crisis.

Entonces, algún día, esas mismas palabras serán repetidas a tus bisnietos. No conocerán la fuente, pero sentirán el impacto. Así que, al mantener tu mente ahora en la Palabra de Dios, al aprender a meditar en Sus pensamientos y dejar que Su verdad fluya a través de tus propias experiencias y recuerdos, tus hijos abrazarán una verdad que vale la pena trasmitir. Es parte de tu legado.

El amor también permanecerá a través de tu *ejemplo*. Cuando intentas calmar una discusión o disputa en tu casa, no solo intentas tranquilizar los ánimos, sino que también estás enseñándoles a tus hijos paciencia y perspectiva. Cuando te levantas temprano para orar y escuchar a Dios, les inculcas la manera en que la fe reorienta el día. Cuando decides lo que parece correcto en determinado momento, cimentas moralidad en sus mentes jóvenes. Más allá de todo lo que hiciste mal, lo más probable es que tus hijos trasmitan lo que hiciste bien. Estás dejando un legado.

El amor también seguirá adelante a través de tu *adoración*. A tus hijos les atraerán cientos de cosas de la vida: el dinero, la popularidad y el entretenimiento. Cada vendedor, senador y pretendiente argumentará por qué es digno de su devoción. Y aunque ellos crecerán y tomarán sus propias decisiones, siempre les pesará la influencia de cómo *tu* fe definió las cuestiones importantes. Cómo amabas y adorabas a Dios. Cómo te sometías a Él y a Su voluntad. Cómo dejabas que Sus opiniones, y ninguna otra, formaran tu identidad.

Es parte de tu legado.

A través de los años, siempre podrás ser una voz afirmadora en el corazón de tus hijos, y darles una seguridad renovada sobre los pasos saludables y positivos que están dando en la vida. Puedes ser una puerta abierta de consejo, siempre dispuesto, y con un oído atento y una palabra sabia cuando tus hijos enfrenten decisiones que superen su comprensión y experiencia. Puedes ayudarlos o bendecirlos en forma inesperada en el ámbito financiero, con un regalo generoso que alivie su carga o amortigüe una crisis. Puedes orar, orar y jamás dejar de orar. Después, podrás hacer todo esto otra vez por tus nietos, cuando surja la oportunidad y siempre y cuando haya recursos.

Y todo es gracias al amor (el amor de Dios) que se trasmite a diario de padres a hijos. Siempre está allí. Siempre lo tienen presente. Siempre con afirmación, afecto y misericordia. Lo que comienza con pañales y sillitas altas se transforma en un ministerio y una misión de por vida, al dedicar tu fe y a ti mismo a uno de los pocos lugares desde donde puedes afectar más a las generaciones.

Tu cuerpo envejecerá. Tu ropa pasará de moda. Tu lugar de trabajo te extrañará un tiempo y luego pasará a reemplazos más jóvenes. Tus conocidos pensarán en ti de tanto en tanto, pero solo cuando algo les dispare la memoria. Incluso tu iglesia les dará la bienvenida a nuevos miembros y seguirá adelante con sus ministerios sin ti. Pero las olas de tu vida y tu influencia vivirán y repercutirán en el corazón, la mente y la fe de tus hijos. Por eso, uno de los escritores de la Biblia oró: «Y aun en la vejez y las canas, no me desampares, oh Dios, hasta que anuncie tu poder a esta generación, tu poderío a todos los que han de venir» (Sal. 71:18).

Así que, asegúrate de derramar todo el peso de tu amor especialmente sobre este lugar (estas relaciones preciosas e irremplazables), y bendecirás a Dios y al mundo a través de tus hijos. Tanto ahora como en los años que vendrán.

En última instancia, Dios te dio a tus hijos para que pudieras presentárselos a Él, y mostrarles personalmente Su amor y Sus caminos en la Tierra. Escribimos este libro con la esperanza de que algún día, en la eternidad, Dios declare que fuiste fiel con Su encomienda sagrada. Entonces, te presentará a las muchas generaciones que bendijiste y ayudaste a llegar al cielo. Allí podremos ver y disfrutar de Su gloria toda la eternidad.

Este es el *Desafío del amor* para los padres.

EL DESAFÍO DE HOY

LEE EL SALMO 71:18 Y ESCRIBE UNA CARTA
DE LEGADO PARA TUS HIJOS, QUE PUEDAN
TRASMITIR A LAS GENERACIONES FUTURAS.
EN ELLA, COMPARTE UNA DECLARACIÓN DE TU
FE, TU AMOR POR ELLOS Y TU ESPERANZA DE
QUE DIOS LOS BENDIGA RICAMENTE A ELLOS Y
LAS GENERACIONES QUE ALGÚN DÍA DEJARÁS
ATRÁS. ENTRÉGALE ESTA CARTA A CADA UNO
DE TUS HIJOS COMO UN REGALO Y LEGADO
DE TU VIDA... Y DE TU AMOR.

__ Haz una marca aquí cuando hayas completado el desafío
de hoy.

¿Cómo decidiste darles a tus hijos esta carta de legado?
¿Cuál es tu esperanza y oración al entregársela?

Nuestros hijos también lo servirán; las generaciones futuras oirán
de las maravillas del Señor. (Salmo 22:30, NTV)

Apéndices

APÉNDICE I
¿Qué dice la Biblia sobre castigar con nalgadas?

La disciplina es una parte necesaria e importante de la crianza amorosa. Muchos padres jóvenes se preguntan y consultan si castigar con nalgadas es apropiado. Aunque las tendencias y las opiniones varían alrededor del mundo y, tristemente, algunos han hecho mal uso de esta práctica llevándola a extremos dañinos, la Palabra de Dios habla en forma específica sobre esta cuestión familiar privada.

En términos generales, la naturaleza humana nos lleva a repetir malas conductas que no traen consecuencias inmediatas y a evitar las que resulten en un castigo o dolor más directo. En lo que se refiere a la disciplina, la clase y la cantidad deberían depender de la edad, la comprensión, la actitud y las acciones del niño. Si a los hijos se los corrige con amor y coherencia cuando son pequeños, lo más probable es que ya no lo necesiten luego de los cinco o seis años. No obstante, si no se confronta con firmeza la rebelión desde temprano, puede terminar en muchos años de frustración y angustia.

Es cierto, los niños necesitan mucha explicación y misericordia. Y cuando se comportan mal por ignorancia, tenemos que mostrarles más misericordia y enseñarles. Sin embargo, cuando un niño entiende y sabe lo que debe hacer, pero se empeña en actuar con insensatez o rebelión, las consecuencias de sus acciones tienen que ser mayores y más severas (Luc. 12:47-48). Los padres deberían considerar el verdadero estado del corazón de sus hijos a la hora de disciplinar. ¿Cuán orgullosos son? ¿Qué tan rebeldes? ¿Entienden la lógica del adulto? ¿Qué producirá verdadero remordimiento, arrepentimiento y el mejor resultado a largo plazo? ¿Qué los ayudará a honrar la autoridad de Dios en el futuro? ¿Qué será lo mejor para refrenar su rebelión en los años por venir? ¿Qué edificará su carácter?

Para que la disciplina sea eficaz, los hijos deben respetarla, tomarla en serio y desear evitarla, sin importar qué forma escojas aplicar. De lo contrario, tus palabras y advertencias pierden sentido y terminan ignoradas. Aunque hay momentos en los cuales lo mejor es castigar, asignar tareas extras o quitar un juguete, privilegio o recompensa, las Escrituras indican claramente que los padres no tienen que evitar corregir amorosamente con nalgadas a sus hijos cuando sea necesario. Algunas formas de disciplina se alargan y terminan diluyendo el castigo, y lo único que logran es generar enojo y resentimiento en el niño, mientras que los azotes proporcionados por un padre pueden ser rápidos y eficaces, y terminar en apenas segundos.

La disciplina física adecuada se menciona muchas veces en la Biblia. Por ejemplo: «La necedad está ligada al corazón del niño; la vara de la disciplina la alejará de él» (Prov. 22:15). Proverbios 23:14 declara: «Dale unos buenos azotes, y así lo librarás del sepulcro» (NVI).

En la Biblia, la palabra «vara» se refiere a una rama pequeña o algún elemento parecido a una caña, no a un arma grande y poderosa utilizada para infligir daño físico. Los padres jamás deben pegarles a sus hijos en el rostro o la cabeza, y nunca con el puño cerrado en *ninguna* parte del cuerpo; esto sería abuso infantil. Un azote adecuado se da en las nalgas y produce un ardor lo suficientemente doloroso como para lograr el cometido (disuadir de futuras malas conductas y reforzar tu autoridad), pero jamás daña al niño ni deja una cicatriz física o emocional. La disciplina nunca debe ser destructiva, sino un asunto privado de amor genuino entre un padre y un hijo, para su beneficio futuro.

Toda disciplina debe aplicarse con cuidado y una explicación, y después, es necesario consolar con ternura al niño y recordarle que uno desea su bienestar por sobre todas las cosas. Los padres no deben disciplinar jamás con ira o enojo desmedido. Si estás demasiado enojado, envía a tu hijo a otra habitación hasta que puedas calmarte. Si ves que el niño reconoce rápidamente sus propios errores, y se muestra compungido con humildad, y es probable que no vuelva a repetir los mismos errores, el camino más adecuado puede ser demostrar misericordia con sabiduría y castigar menos. Pero si el pequeño tiene un historial de mala conducta constante y la disciplina hasta el momento ha sido demasiado suave e ineficaz, los padres tienen que ser sinceros sobre lo que pueden estar reforzando en sus hijos.

Algunos desaprueban cualquier forma de azote. Citan casos extremos como excusa para desestimar esta disciplina por completo. No obstante, en forma indirecta, esto puede llevar a un *abuso* al privar a sus hijos de toda forma de castigo. Las opiniones de extraños no son tu autoridad y no deberían dictar lo que haces ante los ojos de Dios en tu propio hogar.

La Palabra de Dios comunica que es mejor que los hijos reciban un dolor físico breve antes de que crezcan y se rebelen contra las autoridades e ignoren las consecuencias de sus acciones. Muchos prisioneros cambiarían gustosamente su cautiverio actual como adultos por unos pocos segundos de nalgadas durante la infancia. La Biblia enseña: «Corrige a tu hijo mientras hay esperanza» (Prov. 19:18). Si los hijos creen que pueden justificarse para librarse de experimentar consecuencias o recibir castigos al llorar, negociar o manipular, supondrán neciamente que pueden hacer lo mismo como adultos.

El azote amoroso no daña ni corrompe al niño; más bien, puede humillarlo y ayudarlo a comportarse y demostrar más respeto hacia ti y las demás autoridades en el futuro. Esto puede profundizar el respeto y la cercanía mutua, y fortalecer el efecto de tu consejo para ellos en el futuro. El rey Salomón señaló: «La vara y la represión dan sabiduría, pero el niño consentido avergüenza a su madre. [...] Corrige a tu hijo y te dará descanso, y dará alegría a tu alma» (Prov. 29:15,17).

Doce ideas audaces para aprovechar al máximo el tiempo en familia

1. *Declárale la guerra a la televisión.* En Estados Unidos, la persona promedio pasa cinco horas al día frente al televisor u otro medio electrónico. Esto equivale a mirar 24 horas sin parar durante 2 meses seguidos todos los años… y este tiempo suele malgastarse y no incluye interacción. Considera cubrir el botón de encendido de tu control remoto con cinta adhesiva. Esta decisión puede transformar familias enteras.

2. *Secuestra a tus hijos.* Aparece sin avisar y llévatelos a comer a algún lado. Habla con su maestra y secuéstralos de la escuela dos veces al año. Un día de pesca con papá o de compras con mamá mientras los demás están en la escuela es excelente para los hijos. ¿No te gustaría que tus padres hubieran hecho algo así por ti?

3. *Haz las maletas y abandona la ciudad.* Las familias que acampan juntas, aunque sea una vez al año, suelen crear lazos profundos. Esto los obliga a trabajar juntos para resolver problemas y genera historias divertidísimas que prometen risas duraderas. Compra una tienda (carpa) y diríjanse a un parque estatal. Aprender a armarla es la mitad de la diversión.

4. *Establece hábitos radicales de interacción.* Lee Deuteronomio 6:7 y observa las cuatro actividades de la rutina. Todos los días capta estas oportunidades de conversación con tus hijos. Abrazos por la mañana, risas al desayuno, puestas al día en el auto, cuentos a la hora de dormir y oraciones al arroparlos… todas estas cosas forman años llenos de momentos sin reproches.

5. *Di «no» a la tarea escolar.* Algunas escuelas bombardean a los niños con tareas interminables y a menudo innecesarias que, a la larga, se roban un gran porcentaje de tiempo familiar

todos los días. Haz las cuentas y no tengas miedo de pedirles a los maestros que reduzcan la cantidad de trabajo. La escuela en casa es una alternativa interesante que puede ayudarte a ganar el corazón de tus hijos, liberar sus horarios y minimizar esta intrusión cotidiana en la unidad familiar.

6. *Lleva a tus hijos en viajes de negocios.* Con un poco de planeamiento, puedes obtener las tareas escolares de tus hijos con anticipación e incluirlas en tu viaje de trabajo. Y como muchas empresas cubren parte de los costos para llevar a un hijo a una nueva ciudad, es incluso más divertido.

7. *Ten citas con tus hijos.* La comida es una manera comprobada de llevar la comunión al siguiente nivel. Así que, lleva a tus hijos a desayunar, almorzar o cenar fuera de casa. Además, establece como prioridad familiar que todos detengan lo que están haciendo a la noche y coman juntos. Usen este tiempo para servirse mutuamente, hacer preguntas, compartir historias y enterarse de lo que le sucede al otro.

8. *Invita a tu secuaz a seguirte el paso.* Incluye a tus hijos en todo lo que hagas. Deja que las tareas del hogar o los recados locales incluyan a pequeños ayudantes que puedan conseguir dulces en la tienda o helado camino a casa. No es necesario dejarlos atrás.

9. *No trabajes los domingos.* Dios les manda a las familias a tomarse un día para adorar y descansar todas las semanas. Deja que el domingo sea un día de vacaciones de tu trabajo y rutina normales. Que en este día especial, la iglesia, una siesta y algo de tiempo de calidad en familia recarguen tu hogar para la semana.

10. *Inicia devocionales familiares.* Apagar los medios electrónicos unas noches a la semana y llevar a todos al sofá para media hora de conversación enriquecedora, oración y lectura de la Palabra es una manera sencilla de guiar a tu familia espiritualmente e invitar a Dios a la interacción entre ustedes. No hace falta preparación. Simplemente oren, lean un capítulo de la Biblia y disfruten de la conversación.

Apéndice III

Cómo orar por t

Con este fin también nosotros oramo
nuestro Dios os considere dignos d
deseo de bondad y la obra d

Cuando oras po
Cuando ya le has
¿sueles dejarlo
En el f
oracion
la cl
f

...us hijos

...s siempre por vosotros, para que
...e vuestro llamamiento y cumpla todo
...e fe, con poder. (2 Tesalonicenses 1:11)

...tus hijos, ¿a veces no sabes qué decir?
...pedido a Dios que los bendiga y los cuide,
...ahí?

...ondo, sabemos que las oraciones generales son
...es ociosas; quizás mejor que nada, pero no exactamente
...ase que muestra nuestro amor y preocupación por nuestra
...amilia.

Los temas de oración de las páginas siguientes reúnen más de dos docenas de peticiones específicas que provienen directamente de las Escrituras. Te animamos a que busques los versículos que los acompañan y que ores esas promesas a favor de cada uno de tus hijos, relacionándolas con lo que están enfrentando o viviendo en este momento.

Distribuye tus oraciones por ellos a lo largo de cada mes para que se conviertan en una corriente continua de oración diaria que mantenga en tu corazón los mejores deseos de Dios para sus vidas. Y a medida que Él te dé más motivos para orar, añádelos a tu lista y registra Sus respuestas a cada uno.

Dios no solo promete recompensar al hombre que ora de manera persistente y con fe (Mat. 7:7-8), sino que el hábito de orar por cada miembro de tu familia te ayudará a mantenerlos como tu principal prioridad.

Ora para que...

1. Amen al Señor su Dios con todo su corazón, alma, mente y fuerzas, y a su prójimo como a sí mismos. (Mat. 22:36-40)

2. Conozcan a Cristo como Señor a edad temprana. (2 Tim. 3:15)

3. Desarrollen odio hacia el pecado, el orgullo, la hipocresía y el mal. (Sal. 97:10; 38:18; Prov. 8:13)

4. Sean protegidos del mal en cada área de su vida: espiritual, emocional, mental y física. (Juan 17:15; 10:10; Rom. 12:9)

5. Sean descubiertos cuando son culpables y reciban el castigo del Señor. (Sal. 119:71; Heb. 12:5-6)

6. Reciban sabiduría, entendimiento, conocimiento y criterio del Señor. (Dan. 1:17,20; Prov. 1:4; Sant. 1:5)

7. Respeten y se sometan a los que están en autoridad. (Rom. 13:1; Ef. 6:1-3; Heb. 13:17)

8. Se rodeen de la clase correcta de amigos y eviten las malas amistades. (Prov. 1:10-16; 13:20)

9. Encuentren una pareja piadosa y críen hijos piadosos que vivan para Cristo. (2 Cor. 6:14-17; Deut. 6)

10. Anden en pureza moral y sexual durante toda su vida. (1 Cor. 6:18-20)

11. Mantengan una conciencia limpia que permanezca sensible ante el Señor. (Hech. 24:16; 1 Tim. 1:19; 4:1-2; Tito 1:15-16)

12. No teman el mal, sino que caminen en el temor del Señor. (Sal. 23:4; Deut. 10:12)

13. Sean una bendición para la familia, la iglesia y la causa de Cristo en el mundo. (Mat. 28:18-20; Ef. 1:3; 4:29)

14. Sean llenos del conocimiento de la voluntad de Dios y fructíferos en toda buena obra. (Ef. 1:16-19; Fil. 1:11; Col. 1:9)

15. Abunden en amor, discernimiento y sean irreprensibles hasta el día de Cristo. (Fil. 1:9-10)

Los candados y las llaves de la oración

Perseverad en la oración, velando en ella
con acción de gracias.
(Colosenses 4:2)

DIEZ CANDADOS
QUE OBSTRUYEN LA ORACIÓN

1. **Orar sin conocer a Dios a través de Jesús**

   Juan 14:6: «Jesús le dijo: Yo soy el camino, y la verdad, y la vida; nadie viene al Padre sino por mí».

2. **Orar con un corazón sin arrepentimiento**

   Salmo 66:18-19 NVI: «Si en mi corazón hubiera yo abrigado maldad, el Señor no me habría escuchado; pero Dios sí me ha escuchado, ha atendido a la voz de mi plegaria».

3. **Orar para hacer alarde**

   Mateo 6:5: «Y cuando oréis, no seáis como los hipócritas; porque a ellos les gusta ponerse en pie y orar en las sinagogas y en las esquinas de las calles, para ser vistos por los hombres. En verdad os digo que ya han recibido su recompensa».

4. **Orar en forma repetitiva, con palabras vacías**

   Mateo 6:7-8: «Y al orar, no uséis repeticiones sin sentido, como los gentiles, porque ellos se imaginan que serán oídos por su palabrería. Por tanto, no os hagáis semejantes a ellos; porque vuestro Padre sabe lo que necesitáis antes que vosotros le pidáis».

5. **Oraciones que no se hacen**

   Santiago 4:2: «No tenéis, porque no pedís».

6. **Orar con un corazón concupiscente**

   Santiago 4:3: «Pedís y no recibís, porque pedís con malos propósitos, para gastarlo en vuestros placeres».

7. **Orar mientras maltratas a tu cónyuge**

   1 Pedro 3:7: «Y vosotros, maridos, igualmente, convivid de manera comprensiva con vuestras mujeres [...] dándole honor como a coheredera de la gracia de la vida, para que vuestras oraciones no sean estorbadas».

8. **Orar mientras ignoras a los pobres**

   Proverbios 21:13: «El que cierra su oído al clamor del pobre, también él clamará y no recibirá respuesta».

9. **Orar con amargura en el corazón hacia alguien**

   Marcos 11:25-26: «Y cuando estéis orando, perdonad si tenéis algo contra alguien, para que también vuestro Padre que está en los cielos os perdone vuestras transgresiones. Pero si vosotros no perdonáis, tampoco vuestro Padre que está en los cielos perdonará vuestras transgresiones».

10. **Orar con un corazón sin fe**

    Santiago 1:6-8: «Pero que pida con fe, sin dudar; porque el que duda es semejante a la ola del mar, impulsada por el viento y echada de una parte a otra. No piense, pues, ese hombre, que recibirá cosa alguna del Señor, siendo hombre de doble ánimo, inestable en todos sus caminos».

DIEZ LLAVES
PARA LA ORACIÓN

1. **Orar pidiendo, buscando y llamando con constancia**

   Mateo 7:7-8,11: «Pedid, y se os dará; buscad, y hallaréis; llamad, y se os abrirá. Porque todo el que pide, recibe; y el que busca, halla; y al que llama, se le abrirá. [...] Pues si vosotros, siendo malos, sabéis dar buenas dádivas a vuestros hijos, ¿cuánto más vuestro Padre que está en los cielos dará cosas buenas a los que le piden?».

2. **Orar con fe**

   Marcos 11:24: «Por eso os digo que todas las cosas por las que oréis y pidáis, creed que ya las habéis recibido, y os serán concedidas».

3. **Orar en secreto**

   Mateo 6:6: «Pero tú, cuando ores, entra en tu aposento, y cuando hayas cerrado la puerta, ora a tu Padre que está en secreto, y tu Padre, que ve en lo secreto, te recompensará».

4. **Orar de acuerdo a la voluntad de Dios**

   1 Juan 5:14: «Y esta es la confianza que tenemos delante de Él, que si pedimos cualquier cosa conforme a su voluntad, Él nos oye».

5. **Orar en el nombre de Jesús**

   Juan 14:13-14: «Y todo lo que pidáis en mi nombre, lo haré, para que el Padre sea glorificado en el Hijo. Si me pedís algo en mi nombre, yo lo haré».

6. **Orar junto con otros creyentes**

   Mateo 18:19-20: «Además os digo, que si dos de vosotros se ponen de acuerdo sobre cualquier cosa que pidan aquí en la tierra, les será hecho por mi Padre que está en los cielos. Porque donde están dos o tres reunidos en mi nombre, allí estoy yo en medio de ellos».

7. **Orar con ayuno**

   Hechos 14:23: «Después que les designaron ancianos en cada

iglesia, habiendo orado con ayunos, los encomendaron al Señor en quien habían creído».

8. **Orar con una vida de obediencia**

   1 Juan 3:21-22: *«Amados, si nuestro corazón no nos condena, confianza tenemos delante de Dios; y todo lo que pidamos lo recibimos de Él, porque guardamos sus mandamientos y hacemos las cosas que son agradables delante de Él».*

9. **Orar permaneciendo en Cristo y en Su Palabra**

   Juan 15:7: *«Si permanecéis en mí, y mis palabras permanecen en vosotros, pedid lo que queráis y os será hecho».*

10. **Orar deleitándose en el Señor**

    Salmo 37:4: *«Pon tu delicia en el Señor, y Él te dará las peticiones de tu corazón».*

UN RESUMEN DE LOS CANDADOS Y LAS LLAVES DE LA ORACIÓN

1. **Tu relación con Dios debe estar en orden.**
2. **Tu relación con las demás personas debe estar en orden.**
3. **Tu corazón debe estar en orden.**

APÉNDICE V
¿Cómo puedo hallar paz con Dios?

Porque Él mismo es nuestra paz.
(Efesios 2:14)

Dios nos creó para agradarlo y honrarlo. Pero por nuestro orgullo y egoísmo, ninguno ha alcanzado su propósito y todos hemos deshonrado a Dios de distintas maneras en nuestra vida. Tanto nosotros como padres y también nuestros hijos, todos hemos pecado contra Él, y no le hemos dado el honor y la gloria que merece de nuestra parte (Rom. 3:23).

Así que, si cualquiera de nosotros afirma ser una buena persona, tenemos que ser sinceros y preguntarnos: ¿Alguna vez ignoramos a Dios y no lo pusimos en primer lugar? ¿Le desobedecimos o lo deshonramos con mentiras, engaños, deseos lujuriosos, robo, rebelión contra las autoridades u odio hacia los demás? Estos pecados no solo tienen consecuencias en esta vida, sino que nos descalifican de estar justificados delante de Dios y vivir con Él en el cielo eternamente.

Como Dios es santo, debe rechazar todo lo pecaminoso (Mat. 13:41-43). Y como es perfecto, no puede permitir que pequemos contra Él y quedemos sin castigo; de lo contrario, no sería un Juez justo (Rom. 2:5-8). La Biblia declara que nuestros pecados nos separan de Dios (Isa. 59:2) y que «la paga del pecado es muerte» (Rom. 6:23). No se trata solo de una muerte física, sino de una muerte espiritual que nos separa de Dios por la eternidad.

La mayoría de la gente no comprende que nuestras buenas obras ocasionales no borran nuestros pecados ni nos limpian a ojos de Dios. Si pudieran hacerlo, seríamos capaces de ganarnos la entrada en el cielo, pasar por alto la justicia de Dios y rechazar el castigo que merecemos. Esto no solo es imposible, sino que niega el carácter de Dios, Sus promesas y la honra que merece. La buena noticia es que el Señor no solo es justo, sino también amoroso y misericordioso. Nos proporcionó un mejor camino para recibir perdón y poder conocerlo.

Según la Biblia, por Su amor y bondad para con nosotros, Dios envió a Su único Hijo, Jesucristo, para que viniera a la Tierra, viviera sin pecado, muriera en nuestro lugar y derramara Su sangre para pagar por nuestros pecados. Esto proveyó un sacrificio puro y un precio justo para Dios por nuestros pecados, y permitió que Jesús recibiera el juicio y el castigo que nosotros merecíamos. La muerte de Cristo satisfizo la justicia de Dios y, a la vez, proporcionó una demostración perfecta de Su misericordia y Su amor. Tres días después de la muerte de Jesús, Dios lo levantó de entre los muertos como había prometido (Hech. 13:26-43) y probó que es el Hijo de Dios (Rom. 1:4).

Dios demuestra su amor para con nosotros, en que siendo
aún pecadores, Cristo murió por nosotros.
(Romanos 5:8)

Porque de tal manera amó Dios al mundo, que dio a su
Hijo unigénito, para que todo aquel que cree en Él,
no se pierda, mas tenga vida eterna.
(Juan 3:16)

La muerte y la resurrección de Jesucristo nos dieron a nosotros y a nuestros hijos la oportunidad de recibir perdón y hallar paz con Dios. Tal vez no parezca correcto que la salvación sea un don gratuito. Pero las Escrituras enseñan que Dios quiso revelar la magnitud de Su gracia y Su bondad para con nosotros al ofrecernos la salvación como una dádiva (Ef. 2:1-7). Ahora manda a las personas en todas partes que se arrepientan (Hech. 17:30-31), se alejen de su pecado y confíen con humildad en Jesús para ser salvas.

Al rendirle tu vida a Su señorío y Su control, puedes recibir perdón y vida eterna.

Porque la paga del pecado es muerte, pero la dádiva de Dios
es vida eterna en Cristo Jesús Señor nuestro.
(Romanos 6:23)

Millones de personas en todo el mundo han alcanzado la paz con Dios al rendirle sus vidas a Jesucristo. Pero es una decisión personal.

Si confiesas con tu boca a Jesús por Señor, y crees
en tu corazón que Dios le resucitó
de entre los muertos, serás salvo.
(Romanos 10:9)

¿Hay algo que te impida rendirle tu vida a Jesús en este momento? Si comprendes tu necesidad de perdón y estás listo para comenzar a relacionarte con Dios, te alentamos a orar ahora, invocando el nombre de Jesucristo y confiándole tu vida. Sé sincero con Él respecto a tus errores y tu necesidad de perdón. Decide apartarte de tu pecado y confiar en Él y en Su obra en la cruz por ti. Luego, abre el corazón e invítalo a entrar en tu vida para llenarte, cambiar tu corazón y tomar el control.

Si no sabes cómo comunicárselo, utiliza esta oración como guía:

Señor Jesús, sé que he pecado contra ti y merezco el juicio divino.
Creo que moriste en la cruz para pagar por mis pecados. Decido
alejarme ahora de mis pecados y te pido perdón. Jesús, quiero que
seas el Señor y el Dueño de mi vida. Llena mi corazón y toma el
control. Cámbiame y ayúdame a vivir el resto de mi vida para ti.
Gracias por darme un hogar en el cielo contigo
cuando muera. Amén.

Si oraste con sinceridad y le entregaste tu vida a Jesucristo, te felicitamos y te alentamos a contarles a otros sobre tu decisión. Si lo hiciste de corazón, tienes que dar algunos pasos importantes para comenzar tu travesía espiritual.

En primer lugar, es fundamental que encuentres una iglesia que enseñe la Biblia y que informes allí sobre tu deseo de obedecer el mandamiento de Cristo de confesar públicamente tu fe y ser bautizado. Es un hito importante que te permite identificarte abiertamente con Jesús, compartir tu fe con los demás y comenzar un nuevo camino espiritual. Intégrate a la iglesia, comienza a asistir en forma habitual y comparte la vida con otros creyentes en Jesucristo. Ellos te alentarán, orarán por ti y te ayudarán a crecer. Todos necesitamos recibir ánimo, tener comunión y la posibilidad de rendir cuentas unos a otros.

Además, consigue una Biblia que te resulte fácil de comprender y comienza a leerla unos minutos cada día. Empieza por el libro de Juan y sigue con todo el Nuevo Testamento. Mientras lees, pídele a Dios que te enseñe a amarlo y a caminar con Él. Comienza a hablar con Dios en oración y agradécele por tu nueva vida, confiesa tus pecados cuando fracases y pídele lo que necesitas.

Mientras caminas con el Señor, aprovecha las oportunidades que Él te da para hablar de tu fe con los demás. La Biblia enseña: «... santificad a Cristo como Señor en vuestros corazones, estando siempre preparados para presentar defensa ante todo el que os demande razón de la esperanza que hay en vosotros...» (1 Ped. 3:15). ¡No hay mayor gozo que conocer a Dios y darlo a conocer!

Y como padres, es un privilegio increíble presentárselo a nuestros hijos. Si recibiste el perdón del Señor por tus pecados mediante la fe y Su gracia (ahora o hace muchos años), comunícale esta maravillosa noticia a tu familia. Si tus hijos todavía no lo hicieron, y si ya tienen edad para entender, aliéntalos e invítalos a unirse a ti en este viaje de paz, gozo y propósito eterno en Cristo.

Dios creó un camino para que pudiéramos experimentar seguridad y paz en Él. Entre todas las cosas que no sabemos ni podemos predecir en la vida, sí hay algo de lo que podemos estar seguros: el Señor está con nosotros y nuestras almas están seguras en Él para siempre.

Que Dios te bendiga mientras pones en práctica y descubres la verdad de Sus promesas, no solo por tu cuenta, sino también con toda la familia.

Apéndice vi
Pasajes bíblicos para que memoricen tus hijos

De todas las cosas que quisieras que tus hijos guarden en su mente y su corazón desde ahora y hasta la adultez, las palabras de la Escritura son las que ofrecen la mejor garantía de guía confiable para cada situación posible de la vida. En especial, cuando tú los incentives, estas verdades poderosas de la Palabra de Dios permanecerán con ellos, siempre disponibles para que el Espíritu Santo las aplique en el momento indicado.

Memorizar las Escrituras atemoriza a muchos. Sin embargo, como en cualquier otra situación, si te concentras en ello, serás más capaz de memorizar de lo que crees. Cuando las personas dicen que no pueden hacerlo, lo que en realidad expresan es que no están dispuestas a hacer el esfuerzo. Así que, ponte metas altas, hazlas una prioridad y decide mostrarles a tus hijos cómo atesoras la Palabra de Dios en tu corazón (Sal. 119:11).

Comienza a disfrutar la unidad que puede surgir en tu familia al comprometerse a memorizar estos pasajes juntos. Que se conviertan en lo que decides pensar a la noche cuando te vas a la cama o mientras conduces de camino al trabajo o haces las compras. Te harán mucho mejor que las viejas canciones y la charla deportiva radial. Y sabrás que les das a tus hijos una herencia confiable de verdad, conocimiento y sabiduría perdurable.

En la página siguiente, encontrarás una lista sugerida de pasajes sobresalientes, e incluso capítulos enteros para memorizar.

TEMAS IMPORTANTES

Obedecer a los padres: Efesios 6:1-3

Valorar la Palabra de Dios: Salmo 119:11,105

Confiar en Dios: Proverbios 3:5-6

Someterse a Dios: Romanos 12:1; Lucas 9:23

Redimir el tiempo: Efesios 5:15-16

Hacer lo justo y amar la misericordia: Miqueas 6:8

Andar en sabiduría: Eclesiastés 12:1,13-14

Evitar malos amigos: 1 Corintios 15:33

Luchar contra la tentación: 1 Corintios 10:13

Experimentar el poder de Cristo: Gálatas 2:20; Filipenses 4:13

Confesar el pecado: Proverbios 28:13; 1 Juan 1:9

Perdonar a los demás: Efesios 4:32

Evitar las preocupaciones: Filipenses 4:6-7

Tener pensamientos puros: Filipenses 4:6-8

Conocer a Jesús: Juan 3:16; 10:10; 14:6; 15:5

PASAJES MÁS LARGOS

Los diez mandamientos: Éxodo 20:1-17

El camino de Romanos: Romanos 3:23; 5:8; 6:23; 10:9-10

Los más grandes mandamientos: Mateo 22:36-40

La gran comisión: Mateo 28:18-20

La oración modelo: Mateo 6:9-15

La armadura de Dios: Efesios 6:10-18

La naturaleza del amor: 1 Corintios 13:4-8

El fruto del Espíritu: Gálatas 5:22-23

CAPÍTULOS COMPLETOS

Salmos 1; 15; 23; 91; 139

Proverbios 3

Romanos 6; 8; 12

Efesios 4; Filipenses 4; Colosenses 1; 2 Timoteo 2

Apéndice VII
Preguntas para hacerle a tu hijo

Cuando estén a solas con tu hijo, ya sea durante una salida o una conversación privada en casa, usa las siguientes preguntas para descubrir más sobre su corazón y su vida. Permite que surjan preguntas adicionales que quizás quieran explorar, pero mantengan una charla sumamente positiva, franca y emocionalmente segura. Escucha más de lo que hables. «Como aguas profundas es el consejo en el corazón del hombre, y el hombre de entendimiento lo sacará» (Prov. 20:5).

Temas generales

- ¿Cómo estás? ¿Qué has estado haciendo últimamente?
- ¿Qué esperas poder hacer en las semanas próximas?
- ¿Qué es lo que más te gusta de tu vida en este momento?
- ¿Qué te gusta menos de tu vida en este momento?
- ¿Hay algo que te estrese o te preocupe mucho?

Sueños y esperanzas

- ¿Qué te gustaría poder hacer algún día?
- ¿Cómo quisieras que fuera tu vida de aquí a cinco años?
- Si pudieras hacer cualquier cosa y recibir una remuneración a cambio, ¿cuál sería tu trabajo soñado?
- Si pudieras pasar un día con cualquier persona en el mundo, ¿con quién estarías y por qué?
- ¿Qué te encantaría recibir como regalo?
- Si tuvieras un millón de dólares, ¿qué harías?

(continúa en la página siguiente)

AMOR

- En el pasado, ¿qué he hecho para hacerte sentir amado?
- ¿Qué podría hacer en el futuro, que te ayudara a sentirte amado?
- Entre las siguientes opciones, ¿cuál disfrutarías más?

1. Que te abrazaran o te dieran un masaje en la espalda.
2. Sentarte a hablar durante una hora sobre cualquier tema de tu elección.
3. Que alguien te sirviera y te ayudara a realizar un proyecto que te guste.
4. Escuchar que alguien te alienta y te comunica lo que le encanta de ti.
5. Recibir un buen regalo.

CRIANZA

- Como padre, ¿qué tres cosas hago que te gustan mucho?
- Si yo pudiera cambiar algo de mí, ¿qué crees que me ayudaría a ser un mejor padre?
- Cuando algún día tengas tus propios hijos, ¿qué cambiarías en tu manera de criarlos?
- ¿Qué palabras te gustaría escuchar de mi parte más a menudo?
- ¿Te he herido u ofendido de alguna manera? ¿Estás enojado conmigo?
- ¿Tienes alguna pregunta para hacerme? ¿Hay algo que te moleste en este momento?
- ¿Cómo puedo orar por ti?

PREGUNTAS PARA SINCERARSE

- ¿Eres feliz con tu vida en este momento?

- ¿Te gusta formar parte de nuestra familia? ¿Te gusta ser como eres?
- ¿En qué has estado pensando mucho últimamente?
- ¿Con quién te sientes más seguro a la hora de hablar y pasar el tiempo? ¿Por qué?
- ¿Alguna vez te han herido y no pudiste perdonar a esa persona?
- Si pudieras retroceder el tiempo, ¿qué cambiarías?
- ¿Hay algo que temas decirme por temor a mi respuesta?
- ¿Cómo está tu relación con Dios?
- ¿Qué decisión crees que Dios desearía que tomaras para Él?

Ofrece ánimo y un oído atento. No permitas que esto se transforme en una discusión ni en un momento para criticar. Que sea un tiempo para que tu hijo se exprese.

Conoce bien la condición de tus rebaños, y presta atención a tu ganado.
(Proverbios 27:23).

APÉNDICE VIII
La Palabra de Dios en mi vida

Que esta proclama te ayude a acercarte bien a la Palabra de Dios.

La Biblia es la Palabra de Dios.

Es santa, infalible y tiene toda autoridad. (*Proverbios 30:5-6; Juan 17:17; Salmo 119:89*)

Es útil para enseñar, para reprender, para corregir y para instruirme en justicia. (*2 Timoteo 3:16*)

Me hace madurar y me prepara para estar listo para toda buena obra. (*2 Timoteo 3:17*)

Es una lámpara a mis pies y una luz para mi camino. (*Salmo 119:105*)

Me hace más sabio que mis enemigos. (*Salmo 119:97-100*)

Me trae estabilidad durante las tormentas de la vida. (*Mateo 7:24-27*)

Si creo en su verdad, seré libre. (*Juan 8:32*)

Si la atesoro en mi corazón, estaré protegido en tiempos de tentación. (*Salmo 119:11*)

Si permanezco en ella, me transformaré en un verdadero discípulo. (*Juan 8:31*)

Si medito en ella, tendré éxito. (*Josué 1:8*)

Si la guardo, seré recompensado y mi amor será perfeccionado. (*Salmo 19:7-11; 1 Juan 2:5*)

Es la Palabra viva, poderosa y eficaz de Dios. (*Hebreos 4:12*)

Es la espada del Espíritu. (*Efesios 6:17*)

Es más dulce que la miel y más deseable que el oro. (*Salmo 19:10*)

Es indestructible y está firme en los cielos. (*2 Corintios 13:7-8; Salmo 119:89*)

Es completamente cierta y no tiene error. (*Juan 17:17; Tito 1:2*)

Es completamente veraz con respecto a Dios. (*Romanos 3:4; Romanos 16:25,27; Colosenses 1*)

Es completamente veraz con respecto al hombre. (*Jeremías 17:9; Salmo 8:4-6*)

Es completamente veraz con respecto al pecado. (*Romanos* 3:23)

Es completamente veraz con respecto a la salvación. (*Hechos* 4:12; *Romanos* 10:9)

Es completamente veraz con respecto al cielo y al infierno. (*Apocalipsis* 21:8; *Salmo* 119:89)

Señor, abre mis ojos para que pueda ver la verdad,
y mis oídos para que pueda escucharla.
Abre mi corazón para recibirla por fe.
Renueva mi mente para conservarla en esperanza.
Doblega mi voluntad para que pueda vivirla con amor.

Recuérdame que soy responsable cuando la escucho.
Ayúdame a desear obedecer lo que dices en ella.
Transforma mi vida para poder conocerla.
Carga mi corazón para poder comunicarla.

Habla ahora, Señor.
Dame pasión para conocer y seguir tu voluntad.
Nada más. Nada menos.

NOTAS

NOTAS

NOTAS

Notas

NOTAS

NOTAS

NOTAS

NOTAS

NOTAS

Notas

Notas

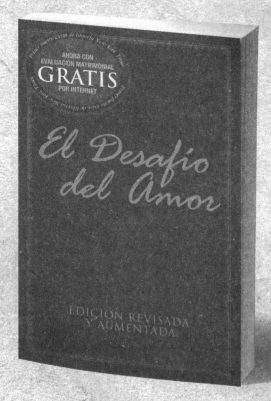

EL DESAFÍO DEL AMOR
PARA CADA DÍA

Inspirado por el libro del primer puesto de best sellers del *New York Times.*

Este libro alienta y desafía a las parejas a dar nuevos pasos en fe y amor a partir de 365 desafíos de aliento en cuanto a la vida matrimonial, recordatorios y sugerencias repetibles año tras año.